财务越简单越好 2

懂财务的老板才赚钱

付国强◎著

SPM
南方出版传媒
广东经济出版社
·广州·

图书在版编目（CIP）数据

财务越简单越好. 2，懂财务的老板才赚钱/付国强著. —广州：广东经济出版社，2017. 11

ISBN 978-7-5454-5838-1

Ⅰ. ①财… Ⅱ. ①付… Ⅲ. ①企业管理—财务管理 Ⅳ. ①F275

中国版本图书馆CIP数据核字（2017）第250518号

出 版 人：姚丹林
责任编辑：易 伦 甘雪峰
责任技编：许伟斌
装帧设计：李 尘

财务越简单越好.2 懂财务的老板才赚钱
CAIWUYUEJIANDANYUEHAO 2 DONGCAIWUDELAOBANCAIZHUANQIAN

出版发行	广东经济出版社（广州市环市东路水荫路11号11~12楼）
经销	全国新华书店
印刷	北京盛兰兄弟印刷装订有限公司（北京市大兴区黄鹅路西临89号）
开本	710毫米×1000毫米 1/16
印张	16.5
字数	200 000
版次	2017年11月第1版
印次	2017年11月第1次
书号	ISBN 978-7-5454-5838-1
定价	48.00元

如发现印装质量问题，影响阅读，请与承印厂联系调换。
广东经济出版社常年法律顾问：何剑桥律师

前言

F I N A N C E

财务，直接决定一个企业的生死存亡，决定一个企业可持续发展的潜力和空间。财务状况良好，企业才会正常运转，并且越来越成熟和强大；财务出现了问题，企业就会随之面临各种风险，产生各种危机，甚至直接导致企业破产倒闭。

现在炙手可热的三大互联网企业阿里巴巴、京东、腾讯，在创业初期，都曾遭遇过严重的财务危机。

1999 年 2 月，马云和“十八罗汉”凑够 50 万元，创办了阿里巴巴。马云希望用这 50 万元坚持 10 个月，期望 10 个月之后就能吸引到投资。但维持到七八个月的时候，50 万元就花得一干二净。马云只好四处借钱给员工发工资，据说最为窘迫的时候阿里巴巴的银行账户里只有 2000 元……

京东开始融资是 2007 年，当时几乎快到山穷水尽的地步，今日资本找上门来，先后分两次向京东注资共 1000 万美元。当时正处在京东的飞速发展时期，1000 万美元融资很快花完，到 2008 年 10 月想再拿钱时正好遭遇金融危机。刘强东半年内见了 40 多个风投，最多一天见过 5 个，然而没有人愿意掏钱给一个不知何时能盈利的企业。当时艰难的融资经历，让刘强东“一夜白头”……

腾讯 1998 年 11 月成立。从创立之初，腾讯一直没有找到适合的商业模式。1999 年 10 月起，财务窘迫的腾讯开始正式融资，融资的唯一理由就是“用户”，但没有人感兴趣。为了渡过难关，马化腾甚至想过卖公司、卖OICQ，报价从300万、200万到跌破心理预期的60万，才终于有人愿意接手。只是在签字画押的那一刻，马化腾不愿意了。他舍不得卖掉自己的心血，于是只能继续四处找人借钱，一度穷到蹭别人的服务器……

这三家当今的互联网巨头的成长故事，让我们不禁感慨：创业艰辛，没有人能随随便便成功。而感慨之余，我们更应该思考，深入地考察问题、发现问题，从根本上解决问题。

一个企业，行业选好了，战略选对了，创始人的能力和智慧也就游刃有余了，如此，还有什么能阻止这样的企业成长和发展呢？还有什么能让它走向失败呢？只有一个可能，那就是财务上的问题。

俗话说，“一分钱难倒英雄汉”。同样，企业没有资金，纵使企业老板再聪明再能干，也只能是“巧妇难为无米之炊”，什么事都做不成。这就是资金的重要性，这就是财务管控对企业的重要性。

财务管控包括很多方面，如财务使命、财务结构、财务预算、财务分配、财务决策、财务审计等，它甚至还包括主导财务管控工作的企业老板自身的财务气质等。本书从企业老板的角度出发，对以上各相关的知识要点、管理要点作了简洁易懂的介绍，旨在从财务管理全局出发，对企业老板管理财务工作起到一个启发、引导的作用。

大企业有大企业的危机，小企业也有小企业的难处。希望本书能对各企业老板的财务管理工作起到一定的启发作用，从而有效防范财务风险和危机的出现，始终将企业的财务工作控制在一个健康、良好的范围之内。

目 录

F I N A N C E

|第三章| 财务知识：练就过人的“财能”

|第四章| 财务结构：搭建强健的财务“龙骨”

|第五章| 财务价值：与你的身价息息相关

|第六章| 财务预算：看菜吃饭更香，算财做事更稳

|第十章| 财务决策：决策不对，努力白费

|第十一章| 财务团队：管好管钱的人，才没有后顾之忧

|第十二章| 财务审计：今天不审计，明天就可能被审问

|第一章|

F I N A N C E

财务气质：代表你的“财质”和“财气”

马云刚开始创业的时候，初期的50万元是18名员工一起凑出来的。多年后，这18个人中有做到总裁的，也有还是经理的，但没有任何一个人从阿里巴巴流失。

后来的马云，更是人气值爆棚。他能邀请金庸去“西湖论剑”，能结交比尔·克林顿，能穿梭在达沃斯论坛，他还参加了美国底特律“中小企业论坛”，引起全美轰动……

马云在企业内，在行业内，在行业外，在社会各界，为什么有超高的人气？这是一个值得企业老板思考和学习的问题。

领导气质是财务气质的前提

企业老板要想管好财务，并形成自己独具魅力的财务风格和气质，一个重要前提就是，先要有领导气质。一个老板连一点领导能力和气质都没有，财务气质当然无从谈起。

的确，一个人为人处世有特定的风格，一个老板管理企业，也有特定的管理风格。有风格的人，无论做人做事，还是管理带队，都更有魅力和气质，更有凝聚力和向心力。

阿里巴巴从1999年创建至今近20年，期间出现了如京东、苏宁等一系列强大的竞争对手，在如此残酷的竞争环境之下，淘宝、天猫、支付宝等仍占据行业领先地位。通过对阿里巴巴员工的了解，我们发现他们工作的幸福感也很强，对企业的忠诚度很高。而这一切，其实都与马云的管理风格和个人魅力、气质息息相关。

马云创业的时候，初期的50万元是18名员工一起凑出来的，9年过去后，这18个人中有做到总裁的，也有还是经理的，但没有任何一个人从阿里巴巴流失。

马云的个人魅力和气质，对阿里巴巴的“十八罗汉”有令人着迷的吸引力。阿里巴巴副总裁、“十八罗汉”之一戴珊曾说过，无论什么时候，你在他眼中看到的都是自信、我一定能赢的信心，你跟他在一起就充满了活力。”

1999年，马云决定回杭州从零开始创办阿里巴巴网站，他对北京的员工说："愿意同去的，只有500元工资；愿留在北京的，可以介绍去收入不菲的雅虎和新浪。"他说用3天时间给大家考虑，但不到5分钟，所有人一致决定跟马云一起回杭州。

阿里巴巴的员工对马云绝不是盲从的，马云的确具备优秀管理者的风格和特质：提出大家都认同的愿景，并使用有效的激励手段。从创业的第一天起，马云就宣称，阿里巴巴会成为最伟大的电子商务公司。最重要的是，他让员工们相信，公司上市时，他们会得到更多。

几年前，阿里巴巴的员工特别辛苦，经常加班，待遇也不好。也有人抱怨，宁愿不要期权，只愿多发点工资。马云的解决方案是：要有信心，我把我的股份稀释点给你们。他还经常会在员工加班的时候动不动就发几千元的奖金……而现在，阿里巴巴万余员工持股，共享200多亿美元，平均身价超过千万人民币。

把员工管好了，把企业做大做强了，马云的管理风格和气质魅力也被越来越多的人知道和了解，并为之深深吸引。马云能邀请金庸去"西湖论剑"，能结交比尔·克林顿，能穿梭在达沃斯论坛，一口流利的英语甚至能让他受国家部门委托到美国去催债，他还参加了美国底特律"中小企业论坛"并演讲，引起全美轰动……这一切，都和马云的思想、才华、管理风格、人格气质分不开。而在马云的管理和拓展下，阿里巴巴的业务合作、发展契机也越来越多，甚至整个国家经济、全球经济也由此得到了一定的发展推动力。

经营管理企业，是一个历经酸甜苦辣，挫折与成就感并存的过程，每个老板都有自己独特的品位与故事，里面都散发着他们的风格和特点，一个管理没有风格的老板，是没有气质可言的。无疑，马云有着独特的领导风格和气质魅力。那么，一般的企业老板们，又该养成怎样的领导风格和人格气质呢？

所谓领导风格，是指管理者受其组织文化及管理哲学影响所表现出来的作风、格调、行为模式等，一般可分为以下四种。

1. 指令式领导风格

由管理者来指定下属或团队的具体工作，做什么事，如何做，何时做，在何处做，做到什么程度，事无巨细，无微不至（称为高职责行为）。

其管理行为模式是：“我来决定，你来做”。其使用的管理工具是告知、指示、指导和建立。

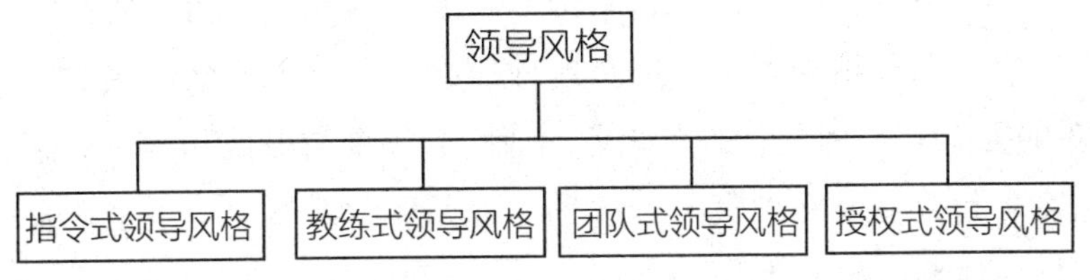

图 1–1 领导风格

2. 教练式领导风格

在具有指令式特征的同时，管理者与下属之间采取双向或多向的沟通、倾听、鼓励、辅导、澄清和激励（称为高支持行为）。

其管理行为模式是：“我们探讨，我来决定”。其使用的管理工具是推销、解释、澄清和说服。

3. 团队式领导风格

管理者给下属以大致说明，并与下属一同展开工作，注意倾听下属的意见与感受，激励下属积极地参与。

其管理行为模式是："我们探讨，我们决定"。其使用的管理工具是参与、鼓励、合作和承诺。

4. 授权式领导风格

管理者在充分相信下属的前提下，给予下属以充分的授权，在管理过程中更多地使用高支持（关系）行为。

其管理行为模式是："你来决定，你来做"。

这四种领导风格没有孰优孰劣，各有优缺点，各有适用环境。对于企业老板来说，选取哪种风格可以依据个人性格、团队形成时间、上级领导风格、团队工作性质来进行选择。

管理学家托马斯·彼得曾讲过："一个伟大的组织能够长久生存下来，最主要的条件并非结构形式或管理技能，而是我们称之为信念的那种精神力量，以及这种信念对于组织的全体成员所具有的感召力。"因此，一个企业的成功必须要塑造成功的企业家文化愿景和企业家精神气质，这是一种无形的感召力，对企业发展也是一种无形的驱动力。

财务气质决定管理成败

所谓财务气质，其实是领导气质的一种，从某种程度上说，它是一种财务管理方式，反映在企业老板的管理决策中，也清楚地反映在其所作所为及所带领企业的财务制度中。

然而，在现实的经营管理中，很多企业老板都忽视了自身内在的财务气质，更加忽视了财务气质对领导管理工作的影响，它甚至是达成经营管理目标或导致企业管理失败的根本原因之一。

那么，一个企业老板的财务气质是由什么来决定和衡量的呢？主要看两个方面：一是资源利用，二是价值增加。

不论好坏优劣，每个老板都有自己的财务气质，就算是小孩子，从他们如何处理口袋里的零用钱也可以洞悉其花钱的习惯和内在心理。有些老板随着企业的发展，有了一定的积累和沉淀后，能够意识到自身的财务气质并善加利用，使其变为个人和公司的优点。然而，大部分老板还是无法意识到自身的财务气质，由此在经营管理过程中就会产生各种落差和失误，从而导致企业的失败。

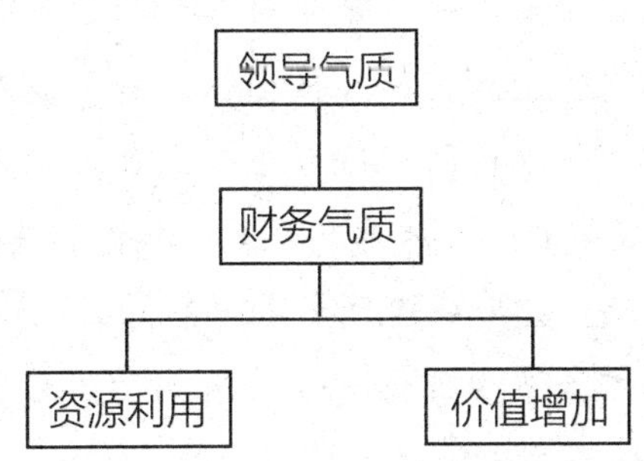

图 1–2　财务气质形成和影响

媒体界有三家世界知名企业：默多克领导的新闻集团、罗伯特·麦斯威尔领导的麦斯威尔传播公司，以及泰德·特纳创办的美国有线电视新闻网。

这三位领导者一开始便以相似的卓越眼光，缔造了全球性的媒体王国，之后，默多克逐渐入驻电子业，麦斯威尔专精于印刷业，而特纳则固守新闻传播领域。

这几位领导者同时也有相似的个性气质。他们都是外向的冒险家，积极于并购事宜，他们也具有强烈的自我意识。然而，到头来，他们三人只有默多克获得了最后的成功，这是为什么呢？很大程度上就是由各自的财务气质决定的。

在资源的利用上，很明显，麦斯威尔和特纳在各方面都习惯于一掷千金，相反，默多克似乎并不那么“挥霍”，他并不像前两者那样，仅为了个人爱好就大举挥金。

他们对资源利用的习惯和程度，深刻影响着公司的归宿。麦斯威尔由于债台高筑走向失败；在公司独资时期，尽管特纳挥金如土，也还能勉强保持成功的地位；而相比之下，默多克的低花费风格，终使公司死而复活，并且再创高峰。

在价值增加上，麦斯威尔为公司增加了最少的价值，他似乎一直保持着一个天才型的财务工程师和业务员的特性；特纳则精于财务运作，他不仅从财务方面扩大企业战果，而且他的公司启迪了全新新闻媒体资讯系统的发展；默多克也是一位革新者，不过他的创造力更多来自于对新潮流动向的预测，并能够及早投入新游戏行列，而非按部就班地逐步进入。

可想而知，麦斯威尔介于高财务支出、低价值增加之间，没有为企业增加多少价值。他所剩无几，无法拯救企业，因此最终走向彻底的失败。

特纳则是为企业增加了最高价值的一位，这使得他的巨额财务支出获得了平衡。不论其花钱结果如何，总是有某些真正的价值增加成果使企业保持不败。

默多克财务支出较低，所以，即使面临20世纪90年代早期新闻媒体的“濒死”局面，他的高价值资产也能持续抵消公司的债务，直至公司解决债务问题。

从这三位媒体大亨的案例可以看出，一个老板的财务气质，直接决定着企业资源的利用程度和价值增加程度，而这两者又直接决定着一个企业的发展和存续。

企业老板财务气质的培养，除了从资源利用和价值增加这两个业务方面入手外，还要注意一些影响财务气质的禁忌。

1. 忌小看财务

很多老板看不懂财务报表，听不懂财务术语，不懂财务价值，不重视财务工作，更不重视财务人员，这样的老板其财务气质无从谈起。

2. 忌恶劣偷税

企业面临的竞争、成本、税负等各方面的压力都很大，总有不少老板想偷税漏税，偏离守法经营的正确轨道。这样的老板眼光不够长远，心胸也不够宽广，经营不合法，管理不大气，不可能把企业做大做强，更不用说企业基业长青。

3. 禁不讲诚信

老板人品差，企业很难做好做大做长久。另外，不讲诚信，依靠坑蒙拐骗，迟早会遇到法律问题。财务上各种内部、外部纠纷，也会给企业带来很大的干扰，直接影响企业的正常生产经营和管理秩序。

4. 忌不思进取

企业老板要高瞻远瞩、目光长远，对企业发展做出一个令人信服的合理规划，这样才能让员工有足够的动力跟你一起努力。毕竟，谁也不愿意待在一艘慢慢下沉的船上。

5. 忌思维陈旧

一个公司的核心竞争力关键在于人，一个公司的团队的关键还是在于领头人。现今是互联网时代、大数据时代，变化发展太快，思维要跟上，陈旧的观念要及时转变。

6. 忌小气抠门

小气抠门，只能共苦不能同甘，老板不能与人做好分享，这样的企业做不大，做大也不能分享，这样的老板没人愿意跟。

7. 忌小肚鸡肠

老板太小肚鸡肠时，下属是很难有大作为的。老板的格局就是天花板，老板的瓶颈就是公司的瓶颈。老板小肚鸡肠，下属不得不处处谨慎、步步惊心，工作上难有成绩。

8. 忌没有担当

老板自己老好人，事事让别人来顶包，拿财务人员当枪使，财务人员的处境会很艰难。不少时候确实需要下属来顶事，但该老板站出来时也丝毫不能含糊，这样才是一个有担当的老板，下属也会心服口服。

老板的财务气质看不见摸不着，却又体现在平时工作的一言一行中，它从根本上影响着企业的经营成果和发展潜力，决定着老板自身的“财质”和“财气”，企业领导者要对此给予充分重视。

财务气质的几大要素

无论企业老板的财务气质属于资源利用型，还是价值增加型，它都包含一个或多个鲜明的要素，例如，自信、魄力、决心、果断等等。这些要素表现在企业管理上，就是一个老板的领导气质；

表现在财务管理上，就是一个老板的财务气质。

鲜明的财务气质，可以直接看出一个老板的财务能力，甚至可以看出企业的发展前景。企业老板要想培养自己优秀的、独具魅力的财务气质，除了要注意以上提到的禁忌外，还要从下面几个要素来培养和提高。

1. 在财务领导上的自信

无论是做人还是做管理，自信都是最重要的。尤其是做企业财务管理工作，没有自信，自己都不相信自己，同事和员工怎么可能相信你呢？他们只会质疑你，怀疑你的能力，否定你的观点，抵触你的安排。这对一个企业老板来说，是糟糕透顶的。

而具备财务气质的老板呢？他们始终有强烈的自信感，在财务上有清晰明确的战略目标，在工作上有切实可行的执行计划，让人跟着他干觉得踏实、有前途，从而一心一意地为他、为企业奉献自己。

1999 年 2 月，马云在杭州湖畔家园的家中召开阿里巴巴第一次全体会议，会上，马云说：“我们要办的是一家电子商务公司，我们的目标有三个：第一，我们要建立一家生存 102 年的公司；第二，我们要建立一家为中国中小企业服务的电子商务公司；第三，我们要建立世界上最大的电子商务公司，要进入全球网站排名前十位。”

在这次会议上，马云和伙伴共筹了 50 万元本钱，便开始了疯狂的工作，后来一步步发展，到 2014 年上市，阿里巴巴的市值已经达到 2000 多亿美元。

2. 在财务决策上的魄力

魄力，是一个人处理和对待问题时，能独立思考，忽略不重要细节对整体的影响而做出正确的决定或选择。企业老板要做出很多决策，在财务决策上尤其要有魄力，不能拖泥带水，摇摆不定。

2007年，刘强东决定花费巨资自建物流体系。这个决定，不仅遭到了投资人、公司内部高管的一致反对，而且在业界几乎不被任何人看好。刘强东后来回忆说："2007年我们决定投资物流的时候，所有人都不看好，都认为不敢想象。"众所周知，当时京东处于持续亏损状态，而自建物流仓储需要大规模投入，其中的难度与压力可想而知。

但最终，刘强东还是顶住压力、力排众议坚持自建物流仓储。从最初的十几个配送员工做起，10年后的2017年，京东配送的员工已近10万人。迄今，这个队伍还在不断扩大，可以说，京东物流是刘强东历经十年打造的"撒手锏"，已经在京东会员中建立了优良的口碑。而刘强东当初拍板耗费巨资打造的物流体系，也给京东带来了丰厚的回报，2016年京东的营业额超过了6000亿元。不得不说，这就是企业家的眼光，这就是作为一个领导者在财务决策上非同常人的魄力。

3. 在财务规划上的决心

市场经济中，企业投资发展机会稍纵即逝，风险也是瞬息之间即可能临头。所以，对于企业老板来说，管理决策决不能掉以轻心，尤其是涉及一定规模的财务投资规划，一定要眼光长远，抱有一颗长远坚持的决心，切忌犹豫不决，踌躇不前。

原格力电器董事长董明珠，为了达成进入新能源汽车业的目的，在力主格力收购珠海银隆新能源有限公司失败后，毅然决然以个人名义入股银隆，奉上所有家产的同时，还以个人商誉获得王健林、刘强东等朋友圈大咖的追投。最终，中集集团、大连万达集团、董明珠个人、北京燕赵汇金国际投资公司、江苏京东邦能投资管理有限公司等5家企业和个人与珠海银隆签署增资协议，共同增资30亿元，获得珠海银隆22.388%的股权。

谈到董明珠此次投资的决心，她说：“我愿意拿我所有的资产投入到银隆里面去，因为我看到它是未来对我们中国制造将起到实现中国制造强国之梦的一条必经之路。”从业务员、销售部长，到总经理、董事长；从中国制造崛起、掌握核心科技，到投资智能制造产业园、入股银隆新能源，董明珠的这种决心促成了她一步步走向成功。

4. 在财务战略上的果断

财务战略的重点是企业资金的流动问题，它应该注重全局性、长期性和创造性。所以，企业有限的资金要科学分配，例如，管理费用要合理，成本费用要控制，投资发展方向要稳定等。但在实际管理中，企业老板也不能受到条条框框的局限，需要调整经营方向时，相应的财务战略调整一定要果断，不能瞻前顾后，患得患失。

1989年，巨人集团创始人史玉柱怀揣4000元和自己开发的M-6401桌面排版印刷系统，开始创业。

1995年，巨人“三大战役”正式在全国打响：电脑、保健品、药品营销。2007年，巨人网络集团有限公司成功登陆美国纽约证券交易所，总市值达到42亿美元。2008年，巨人投资公司正式开辟在保健品、银行投资、网游之后的第四战场——保健酒市场，推出了世界第一款功能名酒——五粮液黄金酒。2016年，史玉柱回归巨人网络，带领全公司研发高管聚焦精品手游研发。2016年，福布斯中国富豪榜公布，史玉柱排名第46位。

史玉柱每一次发展规划上的跨界式的布局，都配合着相应的财务战略的果断决策。从软件开发到保健品，再到网络游戏，如果财务战略上不果断、优柔寡断、执行力不强，任何一个项目都做不好、做不大。史玉柱的创业发展经历，也恰恰印证了他在资本市场上坚决果敢、雷厉风行的独特气质和工作作风。

以上财务气质的几大要素，企业老板可以独具其一，也可多者兼有，但无论怎样，这些气质要素都依附于老板自身的涵养、文化素质、性格、思想和社会阅历等。它不是刻意的，而是一种由内而外、自然而然的流露。

财务风格要跟企业合拍

在企业老板的管理能力培养中，财务领导力是最容易被忽视的。事实上，根据美国著名领导力导师泰德·普林斯的观点，一个老板的财务领导力，也就是老板个人的财务风格，直接影响着企业的成败。

普林斯认为，任何企业老板的财务风格都是天生的、内在的，对它进行研究的重要意义在于，如果企业老板的财务风格与企业的财务使命、战略目标不匹配，将会给企业带来灾难性的后果。但企业可以借助外力或企业领导者自我调整，对财务风格进行修正，如果修正后能与企业的财务使命相匹配，则企业会取得成功，反之则会走向失败。

那么，企业领导者的财务风格具有何种特征呢？普林斯将其分为三大类型 9 种风格：

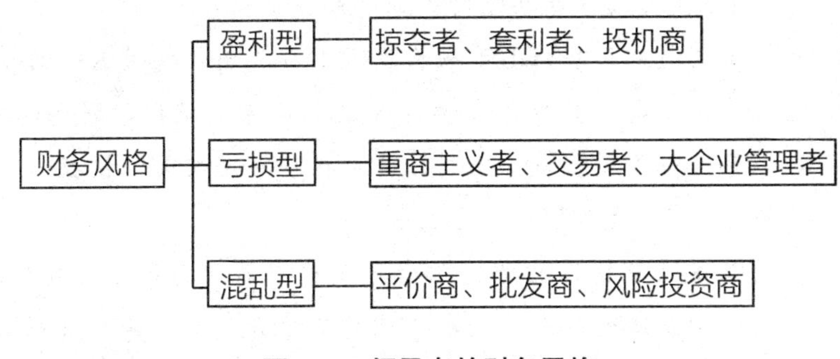

图 1–3 领导者的财务风格

盈利型：掠夺者（“商业海盗”）、套利者、投机商；

亏损型：重商主义者、交易商、大企业管理者；

混乱型：平价商、批发商、风险投资商。

这 9 种财务风格在外力的作用下，有时是可以按照一定的规律进行转移的。尤其是成功的企业领导者，往往是在意识到自己的财务风格后，会主动地进行自我修正，最后使自己的财务风格达到满足企业财务使命的要求。

苹果公司前CEO史蒂夫·乔布斯就是一个典型的修正型领导。早期创业时，他是个风险投资商（不盈不亏的财务风格）。两次创办公司（NeXT电脑公司和皮克斯电影公司）均以大投入和高增值而著称。NeXT电脑公司以失败而告终，令他欣慰的是皮克斯公司成功了。苹果公司在行业内一路遥遥领先，其盈利模式堪称电脑市场的典范。通过自我修正，史蒂夫最终从一个风险投资商转变成为一个投机商（盈利的财务风格）。

微软董事长比尔·盖茨具有典型的“商业海盗”财务风格；美国泰科公司前CEO丹尼斯·科兹洛夫斯基是一位重商主义者；而被丑闻缠身的美国世界电信公司前CEO伯纳德·埃柏斯则是一个典型的平价商人。

国内的企业家TCL董事长兼CEO李东升，曾被人形容为具有“掠夺者”的财务风格。这正是泰德·普林斯划定的9种领导人财务风格中的一种，其中掠夺者不惜大价钱投入产品和营销，创造利润的能力最强。

与之截然相反的是创维创始人黄鸿升，向来奉行勤俭。据说当初身家数亿、屡上富豪榜的黄鸿升，宁可窝在汽车后座里休息，也不愿因为只睡一两个小时而到宾馆开房间。

也许正是性格使然，李东生显然比黄宏生更喜欢使用财务工具。TCL集团曾经斥资800多万欧元全面收购德国施耐德公司，利用其设备生产电视机和音响，但直到跟汤姆逊合资，对施耐德的资源利用没有任何效果。但失败并没有让李东生畏难，所以才有了后来更大的买卖。

黄鸿升在财务上则非常谨慎，在2004年之前，创维的资产负债率几乎是零，全部依靠自有资金滚动发展。

泰德·普林斯说，个人财务风格，并不能决定管理者是否成功，但这说明了他们潜质上创造利润的可能性。

从这两位家电领袖身上，似乎正好看到这条规律的反证。TCL集团2005年盈利为负，而创维在2005年和2006年似乎已经度过了彩电最艰难的时期，2005年年报纯利润两亿多港元。

如果仅就这两年的财务报表来看，好像能得出这样的结论：勤俭的黄鸿升是比激进的李东生更好的企业管理者。但事实真是这样吗?

合资汤姆逊后，TCL集团的彩电业务突飞猛进，2005年销售额是336亿元，创维仅为其1/3。重要的是，在这一年中，TCL的彩电国际销售份额已经与国内销售份额不相上下。

李东生的财务冒险，不仅换来了国际化成果，还有一定的国际化效应。比如，合资之后TCL的员工要比创维员工更勤勉地学习英语。

在家电企业必经的国际化这件事上，尽管TCL集团面临一定的危机，但由于企业一直在正常运转，是有机会成功的。这个机会，就是李东生用跨国并购、合资这些独特的财务风格带来的。

每个领导都有自己的财务风格，无法去衡量哪个更好，更不能说哪个是错是对。创维的稳健可能损失跳跃式扩张的机会，却可以小富即安。TCL的张扬是场冒险，赢了，则成为全球领先的彩电公司，让“创维们”望尘莫及；输了，则可能是几十亿元投资打出一个漂亮的“大水漂”。

所以，对于企业领导者的财务风格来说，没有最好的，只有最合适企业的。领导者的财务风格跟企业正好合拍，就会娴熟地驾驭企业和员工，带领团队和企业一起发展，反之，则可能导致企业失败。

老板应该遵守的财务原则

财务原则是以财务管理目标为导向，用于指导和约束财务行为的基本规范和规则。它涵盖财务活动的各个方面，对老板的财务管理工作具有实际的指导意义。

那么，对企业老板来说，究竟有哪些财务原则需要注意呢？

1. 目标原则

企业必须要有一个非常明确的财务指标。既然企业的根本目的是创造效益，那么这个指标、目标就要非常明确，这对企业的目标实现是非常重要的。

2. 价值原则

公司一定要建立一个共同信仰的价值观，否则就容易散掉、垮掉。

现在很多企业都很喜欢搞文化，标语贴一大堆，人人都搞快乐了，但是公司开始垮台。还有个怪现象，公司整个经营环境非常舒服，这个企业的效率却开始下降。因为人都喜欢舒服做事、简单做事、懒惰做事，这是人的本性。

还有很多企业比较注重以人为本，这是没有问题的，前提是这种以人为本，要在规范制度的管理前提下，盲目地提倡轻松无压力地工作，对企业是没好处的。例如，有一家企业置办了一些娱乐设备，供员工上班时休闲，如泡杯咖啡、听点音乐等。后来发现，员工上班的时候一不高兴就去听音乐，一不高兴就去投飞镖。最后，这家公司只好把这些东西都封起来，到一定时间才开放。

所以，员工的职业素养如果达不到一定的高度，一味地实施这种所谓的以人为本的方式，企业的管控一定会出问题。

中国做得好的企业都是在严格管理基础之上产生的，所以企业首先是军队，其次是学校，最后才是个家庭。所有人都要有一个共同信仰的价值观，即每个员工、公司上上下下都要创造价值。

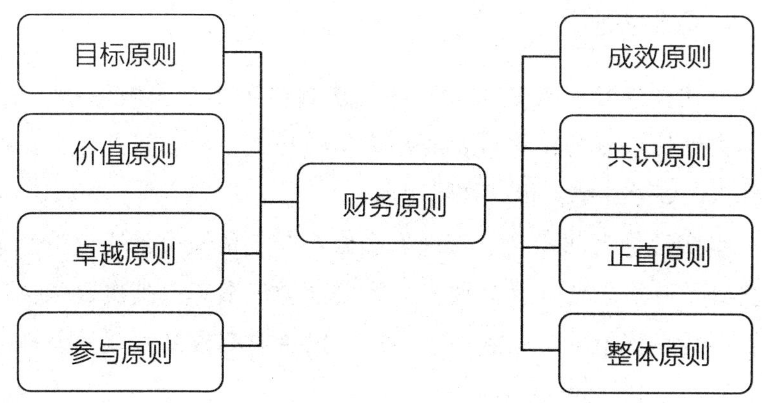

图 1–4 财务原则

3. 卓越原则

做一切事情不要奢望一次就能成功，好事都是磨出来的。卓越的第一个观念是要先行动，后改变、修正。比如开个小店，先把这个店开起来，在开店的过程中才知道问题会出在哪里，然后记下来改善，并持续改善。

成功的管理都是在持续的改变和改善中达成的。现今很多企业害怕变化，的确，改变就是一个让人从舒服到不舒服的过程，但企业不变就跟不上形势，谈不上成功，只有持续改变、改善，持续进步，才能达成最终目标。

4. 参与原则

企业中所有的财务指标一定要分解到各个工作岗位，让每个员工都有参加企业财务管理的意识，要有成本控制意识，有创造价值的意识。

5. 成效原则

一切的事情都要讲成效，绝大多数员工不会去做你期望的，只会去做你检查的，更重要的是你奖励什么，他能得到什么。奖励什么，好处在哪，他就往哪里跑。

很多领导者问：企业管理怎么做？其实很简单，钱分清楚了就会管了，所以要学会分钱。首先要学会怎么算；其次要学会区分；最后是该给的要给到位。所以，做企业归根结底就是怎么分钱、怎么分利益的问题。

6. 共识原则

很多企业，老板不快乐，累得要死，感觉自己很孤独；企业经理人也不快乐，感觉自己没有发挥作用……根本的原因是没有建立真正的企业语言，没有形成一个重视财务语言的共识。

7. 正直原则

企业做得越大，越考验老板的正直。曾经有位知名外企大老板这样说：我们要正直做事，税一定要交，如果因为交税使企业办不成了，那就是我们决策的失误。所以，领导者绝不能违背正直原则，在面对问题的时候要坦荡，给企业所有员工树立一个积极正面的形象，带个好头。

8. 整体原则

公司上下要建立一个整体的语言，要上下一致贯通。公司部门员工要有整体经营的观念，企业要不断去强化和梳理这一观念。

总之，财务原则对企业老板的财务管理工作起着非常重要的导向作用，它是领导者不可跨越的底线，也是领导者的“财质”和“财气”的基础。

章节小记

马云超高的人气，一方面固然和他过人的思想、才华有关，另一方面，则是由他由内而外散发出来的气质决定的。而其中一个重要气质，就是财务气质。

马云刚开始在妻子、朋友、同事、学生等的帮助下，凑到50万元成立阿里巴巴，体现了他在财务上的魄力；之后阿里巴巴发展到一定阶段需要融资，马云谨慎抉择、宁缺毋滥，体现了他在财务上的原则；在互联网的冬天来临之际，马云迫于成本压力做出裁员等重大战略部署，体现了他在财务上的果断；之后阿里巴巴的上市，市值达2000亿美元，又体现了他在财务上的愿景和信心……

马云独特的财务风格和气质魅力，深深地吸引着身边的人，并且由此产生了一种无形的感召力，对企业发展起到了一种无形的驱动力作用。

2

|第二章|

F I N A N C E

财务使命：预示你将来的“财力”和“财运”

管理大师德鲁克在《管理：任务、责任和实践》一书中率先提出企业理想使命的陈述："我们目前的事业是什么？我们的事业将变成什么？我们未来的事业应该是什么？"这三个问题引起了很多企业领导者的思考。

我们的企业将要去往何方？将会达到怎样的高度？将创造什么样的社会价值？对于这些问题，企业领导者都应站到足够高的角度去思考，并付诸行动。

放眼未来，做好财务战略规划

美国劳工部做过一个统计，根据100位25岁的年轻人现在的生活状态，跟踪他们40年后的生活是什么样的。统计结果出乎很多人的意料：1人富裕、4人经济独立、5人继续工作、12人破产、29人死亡、49人靠退休金、朋友、社会福利。95%的人退休生活都比较紧张，只有5人是经济独立的。

这5个人究竟做了什么不一样的事情呢？研究调查发现，这5个人在中年或青年时，都做了充分的理财规划，为他们将来的生活打好了基础。

财务规划对个人来说如此重要，对企业同样如此。

企业无论大小，所要面临的重大问题之一，就是怎样制定长期战略规划，实现企业战略发展的问题。

当前市场竞争日益激烈，而且市场环境复杂多变，企业要想在这种复杂多变的环境中生存下来并且得到发展，对企业自身的经营及宏观规划管理是十分必要的。而为了达到这一目的，合理有效地对财务进行战略性的规划，是必不可少的一个环节。

1. 财务战略规划的作用

（1）财务战略规划通常需要根据未来发展可能出现的不同情形，比如在最差情形、一般情形和最好情形下，对企业财务发展态势做出估计和假设，从而做出相应的财务规划，有利于提高企业的应变能力和防范风险的能力。

（2）财务战略规划通常需要明确企业不同生产经营活动的投资计划与企业可行的融资方案选择之间的关系，从而有利于企业优化资本结构，强化资产负债匹配及其管理，提高企业营运能力。

（3）财务战略规划通常需要针对意外事件的出现所应采取的举措和对策做出规划，从而尽可能避免企业财务业绩的大起大落，有利于促进企业长期可持续平稳发展。

2. 财务战略规划的基础

为确保财务战略规划的高质量，企业应当做好以下基础工作：

（1）营业额（销售额）预测。所有财务战略规划都要求进行营业额（销售额）预测。基于未来经济状况的不确定性，企业应当根据未来宏观经济发展趋势、产品或者业务发展规划、有关市场供求状况等做好营业额（销售额）的预测。

（2）试算报表。企业应当根据财务战略目标和营业额（销售额）预测等，编制试算的资产负债表、利润表、现金流量表等，从而为企业整个生产经营和投融资安排奠定基础。

（3）资产需要量。企业应当根据财务战略规划要求，确定计划的资本性支出和净营运资本支出，从而确定企业为实现财务战略目标所需要的资产总额及其构成。

（4）筹资需要量。企业应当根据财务战略规划要求尤其是资产需要量，确定所需要资金总额、资本结构、筹资方式和相应的筹资安排等。

（5）追加变量。企业应当根据财务战略规划要求做好追加变量的预计工作。比如企业在进行财务规划时，预计营业额（销售额）和成本费用按照某个比例增长，预计资产和负债按照另一个比例增长，在这种情况下就需要增加其他变量（如发行在外的股票增长率）来加以协调，这个变量就是追加变量。在某些情况下，追加变量的预测是做好资产需要量、融资需要量的预计和有关报表的试算平衡所必不可少的。

（6）经济指标假设。企业应当明确在整个计划期间里所处的经济环境，并据此做出相应的有关经济指标假设。

3. 财务战略规划的内容

财务战略规划的内容包括投资战略规划、筹资战略规划、财务发展规划、资本结构规划、研究与开发规划等。其中最核心的是投资战略规划和筹资战略规划。

（1）投资战略规划。企业广义的投资战略包括直接投资战略和间接投资战略，投资战略规划需要做好这两方面的战略规划。

直接投资战略规划。直接投资战略规划需要以企业的生产经营规划和资产需要量预测为基础进行，继而确定企业需要直接投资的时间、规模、类别以及相关资产的产出量、盈利能力等，以满足企业财务战略管理的需要。

间接投资战略规划。间接投资通常为证券投资，其主要目的是为了获取股利或者利息，实现资本增值和股东价值最大化规划。间接投资战略规划的核心是如何在风险可控的情况下确定投资的时机、金额、期限等，尤其是投资策略的选择和投资组合规划。

（2）筹资战略规划。主要解决筹集资金如何满足生产经营和投资项目的需要以及债务筹资和权益筹资方式的选择及其结构比率的确定等规划问题。企业在进行筹资战略规划时，要根据最优资本结构的要求，合理权衡负债筹资比率和权益筹资比率。

一般情况下，企业为了获取财务杠杆利益，在风险可控的情况下，将会选择采用负债融资方式，但如果企业财务风险较大，负债资本成本较高，企业选择增发股票等权益融资方式较为合适。企业在具体进行筹资战略规划并选择筹资方式时，应当综合考虑维持财务的灵活性和筹资决策对股票价格及企业价值的影响。

总之，财务战略规划是根据公司领导战略、竞争战略和其他职能战略的要求，而制定的与公司发展战略相配套的一种经营管理策略，它对企业未来资金的筹集、运用和分配，以及确保实现总体战略目标，取得最大经济效益有着不可或缺的作用。

财务目标："先赚它一个亿"

说到财务目标，很多人自然会想到王健林的"一个亿"。

在《鲁豫大咖一日行》的访谈中，王健林说："很多年轻人，有自己的目标，比如想做首富，这是对的，是奋斗的方向，但是最好先定一个小目标，比方说我先挣它一个亿。你看看能用几年挣到一个亿。你是规划五年还是三年。达到了以后，下一个目标，再奔10亿、100亿。"

无论是个人还是企业，都需要有发展规划，尤其是财务上，要有一个明确的目标。这个目标就像导航灯一样，不仅是你的目标，也是你前进的方向。

对企业来说，财务目标就是指企业财务活动在一定环境和条件下应达到的根本目的。它是评价企业财务活动是否合理的标准，它决定着财务管理的基本方向。方向对了，企业才能稳步发展，方向错了，企业就有可能失败。

2008年9月15日，拥有158年悠久历史的美国第四大投资银行——雷曼兄弟公司正式申请破产。雷曼兄弟公司，作为曾经在美国金融界叱咤风云的巨人，在当年爆发的金融危机中也无奈破产，这不仅与当时全球整体经济环境有关，也与雷曼公司本身的财务管理目标有着直接的关系。

雷曼兄弟公司正式成立于1850年，在成立初期，公司主要从事利润比较丰厚的棉花等商品的贸易。公司性质为家族企业，且规模相对较小，其财务管理目标自然是利润最大化。在雷曼兄弟公司从经营干洗、兼营小件寄存的小店逐渐转型为金融投资公司的同时，公司的性质也从一个地道的家族企业逐渐成长为在美国乃至世界上都声名显赫的上市公司。

由于公司性质的变化，其财务管理目标也随之由利润最大化转变为股东财富最大化。股东财富最大化，是通过财务上的合理经营，为股东带来最多的财富。当雷曼兄弟公司选择股东财富最大化为其财务管理目标之后，公司迅速从一个名不见经传的小店发展成闻名全球的华尔街金融巨头。

但同时，由于股东财富最大化的财务管理目标利益主体单一（仅强调了股东的利益）、适用范围狭窄（仅适用于上市公司）、目标导向错位（仅关注现实的股价）等原因，雷曼兄弟公司最终也无法在2008年的金融危机中幸免于难。

股东财富最大化对于雷曼兄弟公司来说，颇有“成也萧何，败也萧何”的意味。它促成了公司的快速成长和扩张，也直接导致了公司的失败。

在利润最大化的财务管理目标指引之下，雷曼兄弟公司开始转型经营美国当时最有利可图的大宗商品期货交易，其后，公司又开始涉足股票承销、证券交易、金融投资等业务。1899年至1906年，雷曼兄弟公司从一个金融门外汉成长为纽约当时最具影响力的股票承销商之一。其每一次业务转型都是资本追逐利润的结果，然而，由于公司在过度追求利润的同时忽视了对经营风险的控制，从而最终为其破产埋下了伏笔。

雷曼兄弟公司破产的原因，从表面上看是美国过度的金融创新和乏力的金融监管所导致的全球性的金融危机，但从实质上看，则是由于公司一味地追求股东财富最大化的财务目标，而忽视了对经营风险进行有效的控制。

企业财务目标如此重要，那么如何确定呢？不妨根据企业实际情况，从以下几方面来考虑。

1. 利润最大化

利润代表了企业所创造的财富，利润越多，企业创造的财富越多，越接近企业生存、发展和盈利的目标。

但利润最大化也存在一些缺陷，它没有考虑利润发生的时间，没有考虑资金的时间价值。追逐高额利润，可能会牺牲大量的经济资源，给企业带来风险。就如雷曼兄弟公司。

2. 每股收益最大化

即把企业的利润和股东投入的资本联系起来考察。用每股资本收益来概括企业的财务目标，反映了所得利润与投入资本之间的投入产出关系，以避免利润最大化目标的缺点。

但是每股资本收益最大化没有考虑资金的时间价值，没有考虑投入资本及股东获取利润的时间性和持续性，也没有考虑风险因素。而且它只考虑股份制企业，没有考虑非股份制企业。

3. 股东权益最大化

股东权益通过股票的市价来反映，所以股东权益最大化也就是追求股票市值最大化。不足的是，股票市值变动较大，极不稳定，而且股东权益最大化对规范企业行为、统一员工认识缺乏应有的号召力，没有考虑人力资本所有者的权益。

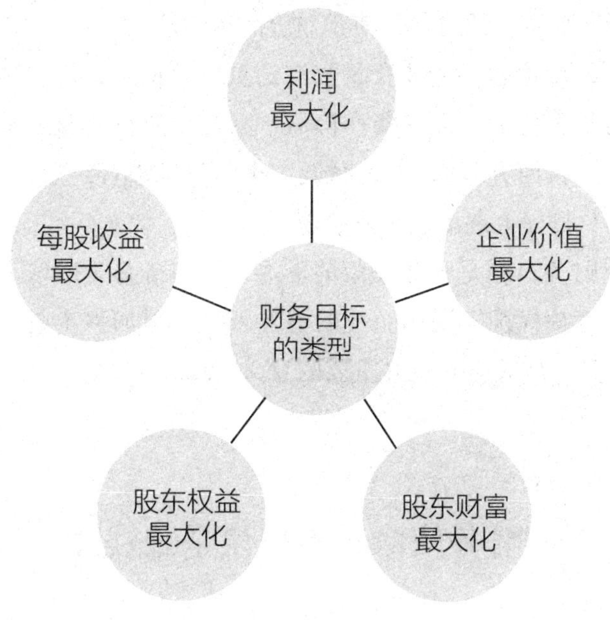

图 2–1 财务目标的类型

4. 股东财富最大化

在股份有限公司中，企业的总价值可以用股票市场的价值总额来代表，当公司股票市场的价格达到最高时，就说明公司实现了财富最大化目标，也意味着股东的财富实现了最大化。

但是，股票价格的高低不能反映上市公司财富的多少，因此股东财富最大化目标在实际工作中就难以被企业管理者和财务管理者所把握。而且，股东财富最大化目标也难以兼顾其他财务关系人的利益。

5. 企业价值最大化

即通过企业财务上的合理经营，采取最优的财务政策，充分考虑时间价值和风险与报酬的关系，在企业稳定长期发展的基础上，不断增加企业的财富，使企业价值达到最大。

企业的价值除了企业存量资产的重置价值外，还包括企业重要的人力资本价值、无形资产价值，以及企业目前及未来潜在的获利能力。在西方国家，“利润最大化”目标被否定后，“企业价值最大化”目标会逐渐被企业接受。

企业财务目标是财务决策的准绳，是财务行为的依据，是理财绩效的考核标准，明确企业的财务目标，对加强企业管理，不断提高企业经济效益有极其重要的意义。

财务使命：不仅仅是赚钱

管理大师彼得·德鲁克认为，很多企业遭受挫折失败，最重要的原因就是很少思考企业的使命是什么。他认为，企业在制定发展战略前，必须先确定企业使命，明确企业的经营思想，为企业目标的确立与战略的制定提供依据。

企业使命如此重要，企业的财务使命更是企业使命的重中之重。

企业财务使命，即企业领导者许诺的企业对利益相关者的经济责任、社会责任、生态责任。使命涉及领导者对长期目标的界定，包括企业存在的意义，企业活动领域，对客户、员工、股东、政府、社区等利益相关者的义务。其核心思想在于突破追求利润最大化的界限，强调企业价值最大化，同时考虑企业的社会责任。

在京东日益发展壮大的时候，有人说京东是“国家企业”，刘强东听到后说：“我觉得国家企业不够自豪，一个真正能够受尊敬和令人自豪的企业应该叫‘国民企业’。”

在2015年的年会上，刘强东说，沃尔玛是美国的国民企业，美国政府不可以承受沃尔玛倒闭的风险和损失。沃尔玛的创始人，也是迄今为止唯一一个获得总统勋章的美国企业家。这在美国是至高无上的荣誉，乔布斯也没有获得这样的勋章。所以，刘强东所说的国民企业，并不是在某个时间点市值最大的企业，而是在任何时候，都是为社会创造最大价值的企业，才有资格成为中国的国民企业。

刘强东坚信，终究有一天，在中国会出现这么一家企业，其销售收入将超过一万亿元人民币，平台收入超过三万亿元人民币。这家企业，没有任何背景，70%的员工来自农村，但是不影响它成为中国最大的民营企业，甚至进入全球500强企业的前20名。这家企业每一年为国家创造的直接税收将超过700亿元，间接纳税将达到5000亿元。这家企业就是京东。

刘强东说：“陈生强（京东金融集团CEO）问我：‘老刘，咱们金融要不要独立拿点钱，我们已经很值钱了，已经值100亿元人民币了。’我当时一脸鄙视，100亿元人民币算什么，我们要做的是一个几千亿元市值的公司。我们金融集团的兄弟们，你们记住了，今天我们每个人为之奋斗的这家公司，将来要成为几千亿元市值的公司。这家公司将会在全球与超过一百个国家有贸易往来，有生意往来，有合作伙伴或客户。只要我们坚守我们的价值观，坚持为社会创造价值，坚持今天坚持的一切，终有一天这家公司会成为全球大贸易流通规则的参与者，甚至制定者。”

综上我们可以看出，财务使命不仅代表着一个公司的财务目标，而且体现了一个公司的发展规划、发展潜力，关系公司未来的财务方向和前景，直接决定了公司成长发展的外在高度和内在价值。

财务使命离不开赚钱盈利，但也不是简单的赚钱盈利，它还有更多内在的价值和意义。德鲁克曾在《管理：任务、责任和实践》一书中首先提出关于企业使命的陈述："我们目前的事业是什么？我们的事业将变成什么？我们未来的事业应该是什么？"这应该引起所有企业领导者的思考。而其中，财务使命尤其要予以重视。

财务使命与企业价值

对于很多企业来说，财务目标一般都会具体到资金、资产上，事实并非如此，通过上文可以知道，资产、财富的增加并不是企业财务的唯一使命。企业的财务使命，应该以企业价值最大化为根本目标。

企业价值最大化，即通过企业财务上的合理经营，采用最优的财务政策，充分考虑资金的时间价值和风险与报酬的关系，在保证企业长期稳定发展的基础上，使企业总价值达到最大。其基本思想是将企业长期稳定发展摆在首位，强调在企业价值增长中满足各方利益关系。

简单地说，就是企业在发展壮大的过程中，不能只顾自己的利益，还要创造社会价值、履行社会义务、承担社会责任等。

马云有一句广为人知的话，"让天下没有难做的生意"。如何理解呢？马云有自己的讲解。他说，"如果我们发现了金矿，我们不去挖，而是让别人去挖，他挖到了金子，给我们一块就可以了。”这就是马云能够打造一流企业的原因。

所谓三流企业家做产品，二流企业家做服务，而一流企业家做的是为你的服务而服务，而这是层次最高的。

举个例子，好比你到河塘边买鱼，鱼又大又便宜，你很满意，这就是三流企业在卖的产品，胜在产品本身优势；而如果你去买鱼，卖家不只给你鱼，还附赠你鱼饲料，你会更满意，这就是二流企业，不仅产品好，服务还好，这样顾客会转化成粉丝，下次你还来这里买；而一流的企业呢，不仅把鱼给你，还教你捕鱼，而你又通过卖鱼赚了钱，这就是一流的企业，不仅自己赚钱，还让更多的人参与服务，教更多人如何赚钱。

马云正在做的就是这件事。我们可以回过头来看看，从阿里巴巴到淘宝，再到淘宝大学，这一系列的平台就是在把普通人打造成会赚钱的商人。没有产品，我给你供货；没有渠道，我给你搭建平台；不懂做生意，我教你如何营销……

正如马云所说：“我们要求销售人员出去时不要盯着客户口袋里的 5 元钱，你们是负责帮客户把口袋里的 5 元钱先变成 50 元钱，然后再从中拿走 5 元钱。”

“如果客户只有 5 元钱，你把钱拿来，他可能就完了，然后你再去找新的客户，那是骗钱。客户都完了，穷了，阿里巴巴也就完了。”

马云曾经说：“十年前我更关心全世界，结果我的日子过得非常艰难；五年前我很关心中国的命运，我也过得很艰难；三年前开始我只关心公司，我的日子开始好起来。现在我只关心自己，越来越好。所以我说，关心好自己，把每个人自己喜欢的事情做好，这个世界就会好起来。”

其实，马云能够打造今天这样的阿里巴巴，不是因为他只关心自己，而是因为，他先关心世界，再到关心企业，关心自己。

正所谓思路决定出路，眼界决定高度。由此我们也可以看出，企业使命不能完全和资金、财富的增长捆绑在一起，它还应有更崇高、更有意义的社会价值的提升。

就像一家企业，如果它账面上只有100万元，就不能说这个企业只值100万，它还有其他很多无形的价值，比如品牌价值等。

那么，如何对一家企业的当前状况进行评估呢？企业的价值到底体现在哪里呢？

1. 现金流

企业是不是有价值，首先要看企业未来能带来多少现金流，也就是企业未来能产生多少现金净流入，投资者未来能挣多少钱。过去的都已经过去了，企业要着眼的是未来。

2. 盈利和发展能力

决定企业价值的第二个关键因素是盈利和发展能力。这种“能力”必须是长期的、稳定的、可持续的。如果一个企业今年赚钱，明年不赚钱，后年又赚钱了，这种上蹿下跳式的赚钱，不叫赚钱。

3. 诚信经营

对于市场经济下的公司经营者来讲，诚信经营是立业之本、兴业之道，在任何交易中、任何情况下都坚守诚实信用是必然、唯一选择。诚信是企业重要的无形资产，诚信经营是企业发展的核心竞争力。一个没有诚信的企业，即使现在“腰缠万贯”，也走不了太远。

4. 技术、网络、品牌

这三个方面也是企业非常重要的价值体现。一个企业，如果制造没有技术，销售没有网络，产品没有品牌，就没有价值可言了。

5. 团队建设

现在的社会已不再是单打独斗的时代，必须要依靠团队，才能将企业做大做强。一个企业能不能赚钱，要看企业有没有“招之即来，来之能战，战之必胜”的团队。好的团队对于一个企业来讲是财富，也是非常重要的价值。

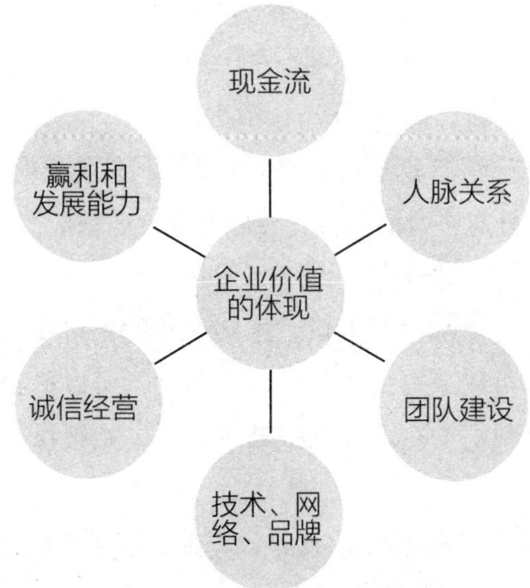

图 2-2 企业价值的体现

6. 人脉关系

一个公司能否永远存在，取决于六种相关的人：第一种是投资人；第二种是公司员工；第三种是债权人；第四种是客户；第五种是供应商；第六种是政府人员。企业要做到让这六种人都满意，才能真正达到企业价值的最大化。

总之，财务使命作为企业使命的核心部分，它应充分体现企业的核心文化，与企业追求的价值观相辅相成，这样才能促成企业的良性发展。

财务使命对企业战略的影响

企业的财务使命通常跟领导者的个性风格有很大关系，尤其是一些依靠个人开创的大企业，创始人的财务规划和财务使命，对企业的发展战略具有决定性的影响。

健康、良好的财务使命，不仅能给自己带来“财运”，提升自己的身价，而且对企业的可持续发展有很大的帮助。

例如，立白、老干妈、华为、娃哈哈、vivo等，都是完全达到上市要求的，但都没有上市。这些企业都是多年屹立不倒的品牌，上市之后可以获得更大的品牌知名度，可以得到更多的投资融资，为什么他们的企业发展战略规划里，始终没有上市这一选项呢？

这跟他们领导者的情怀有关，跟他们企业的财务使命有关。下面来看看华为是怎么做的。

在各个互联网企业鼓吹着天使轮、A轮、B轮、IPO的时候，华为却坚持着自己的原则。在大量互联网公司只烧钱不赚钱吹着泡泡的时候，华为却每年都有利润的高增长，员工的高收入。华为员工的收入丝毫不逊于一些顶尖的互联网企业。

华为是跟着深圳特区一起成长起来的，在华为的发展期，有过房地产市场一轮轮的暴涨，有着股票市场的大发展。个人也好，企业也好，都喜欢急功近利赚快钱。

很多著名的企业，都选择在房地产大热的时候成立房地产公司，在股票大热时候上市，增发圈钱，进行资本运作。而任正非说华为“傻”，不把钱看成中心。华为的中心是理想，理想就是要坚守“上甘岭”。钱不是最重要的。

今天，很多人在谈“情怀”，而有意思的是，喊着情怀的人，其实恰恰在出卖所谓的“情怀”来获取金钱。情怀是给别人看的，钱是给自己赚的。

而任正非坚持着自己的“傻”，坚持着情怀，一如既往、平静如水地搞研发，搞科技，甚至搞科学。在技术研发上多年持续投入，在管理效率上不懈追求。

任正非的实干精神感染了很多人，他透露，丰田的董事退休后带着一个高级团队在华为工作了10年，德国的工程研究院团队在华为也待了10多年，还有IBM持续的咨询。这些“傻工夫”、“慢工夫”构成了华为今天高效的管理体系。虽然个体待在这个体系中未必舒服，但是却保证了华为整体的效率。只要大方向正确，华为可以在很短的时间内就达到业内高水平。

在基础科研上，华为拥有十多家海外研究所，所做的多是基础性研究开发，短期内不会产生效益，但是这些研究构成了华为的核心竞争力。

多年前的研发让华为今天在一些领域达到世界领先水平，而今天的研发保证了华为在未来具有核心竞争力。

抛弃了资本运作，虽然会失去很多“短平快”的赚钱机会，但是聚焦于基本的产品、技术、管理，可以获得长久的竞争力和持续的增长。这就是任正非主导下的华为的财务使命和企业战略。而最终，华为的“傻”得到了回报。

关于华为的内部股制度，外界甚至华为内部一直颇有微词。任正非这样解释：如果上市，“股东们”看着股市那儿可赚几十亿元、几百亿元，逼我们横向发展，我们就攻不进“无人区”了。

任正非直截了当地指出了资本对企业发展的副作用，上市企业是属于股东的，股东持有股票是一种短期或中期的财务行为。所以股东关注的是财务报表，利润与股价让他们用脚投票。

企业一旦上市以后，就很难保持自身的情怀，或者长远的决策，因为长远的决策不能对短期利益影响太大，否则很可能引起股票市场的剧烈波动和股东的反对。在这一点上，华为就无须承受太多压力，可以10多年持续投入到短期内不赚钱、看不到效益的地方，坚持自己的长远决策。

对于一个上市企业来说，员工薪酬是市场价。剩余的都是股东的，股东都希望自己拿到的利益多一些。而这样员工的薪酬是市场价，积极性自然也是市场价。而华为保留了足够的利益分配权，股东分多少，薪酬分多少才有利于企业的发展，主动权掌握在企业手里。

此外，任正非说，人性是有弱点的，当个人面对手里上千万甚至上亿的股票，往往会选择卖掉，享受人生，而不是继续奋斗。

不上市，资本再贪婪，也不会影响到企业的发展。所以华为不上市。这是一种特殊的财务使命，一种更有韬略的企业战略，一种绝大多数企业家难以企及的情怀。任正非对企业财务使命的理解，对企业发展战略的规划，值得所有企业老板学习和思考。

章节小记

企业财务使命，不是简单的赚多少钱，而是企业在生存发展之余，为社会贡献了什么？

京东连续多年亏损，为何还是越做越强大，因为它的企业使命和价值观得到了整个社会的认可，为社会贡献了价值。阿里巴巴为何在互联网行业独占鳌头，一发不可收拾，原因还是企业使命。它不是一味地去赚你的钱，而是先帮你赚到钱，然后再去赚你一小部分的钱。它同样为社会贡献了自己的价值。

事实证明，那些经营多年、经历各种时事变迁而依然紧密团结、走向辉煌的企业，都拥有一个全体员工共同高举的战略旗帜——企业使命。当大家齐心协力认准方向，拥有共同的信念和目标时，就会爆发出极大的能量，足以克服很多意想不到的困难。企业也会不知不觉被带到一个前所未有的高度。

|第三章|

F I N A N C 3 E

财务知识：练就过人的“财能”

全国工商联对21个城市的抽样调查表明，有40％的企业主看不懂财务报表，45％的企业没有自己的研发人员，企业生产经营的信息主要靠买方和传媒提供。

巴林银行的董事长彼得·巴林曾说过这样一句话:“若以为揭露更多资产负债表的数据，就能增加对一个集团的了解，那真是幼稚无知。”对此，这位董事长付出了连他自己也想象不到的代价，如果他增加点对资产负债表的重视程度，也许花旗银行被挪用5000万英镑的差额就会被发现，也许巴林银行被迫倒闭的历史就会重写。

为什么老板要看财务报表

在企业管理中，由于决策的需要，企业老板要及时了解和掌握企业的财务情况，除了听取财务人员的汇报之外，亲自把会计报表拿来看看，有时能得到更多自己想要的信息。

财务报表主要是反映企业一定期间的经营成果和财务状况变动，老板具体该如何看财务报表呢？可以从以下六个方面来入手，以便发现问题或做出判断。

1. 看利润表

对比相邻两年收入的增长是否在合理的范围内。像美国安然事件，利润表上现年比上年增加几百个百分点，这就是不可信的，问题非常明显。那些增长点在50%~100%之间的企业，都要特别关注。

2. 看坏账准备

有些企业的产品销售出去，但款项收不回来，但它在账面上却不计提或提取不足，这样的收入和利润就是不实的。

3. 看长期投资

有些企业在主营业务之外会有一些其他投资，看这种投资是否与其主营业务相关联，如果不相关联，那么，这种投资的风险就很大。

4. 看其他应收款

有些企业的资产负债表上，其他应收款很乱，许多陈年旧账都放在里面，有很多是收不回来的。

5. 看是否有关联交易

尤其注意年中大股东向上市公司借钱，到年底再利用银行借款还钱，从而在年底报表上无法体现大股东借款的做法。

6. 看现金流量表

主要看现金流量表是否能正常地反映资金的流向，尤其要注意现金流入和流出的原因和事项。

表 3–1　JT 公司合并财务报表主要经营指标

单位：元

项目	2014 年 3 月 31 日 2014 年 1~3 月	2013 年 12 月 31 日 2013 年	2012 年 12 月 31 日 2012 年
资产总额	57 986 712	58 430 532	49 519 597
负债总额	15 945 784	5 520 880	8 189 237
所有者权益总额	42 040 928	52 909 652	41 330 360
主营业务收入	5 521 316	48 525 370	46 568 595
营业利润	–2 222 598	11 458 200	6 889 025
利润总额	–901 305	17 448 863	14 128 772
净利润	–868 723	15 579 291	12 862 497

财务报表全面系统地揭示了企业一定时期内的财务状况、经营成果和现金流量等问题，企业老板会看报表，有利于更深入地了解企业状况，从而做好管理决策。

关于会看财务报表的重要性，我们来看一个曾经轰动一时且非常具有代表性的例子。

2001年，随着公司突然的倒闭和破产，总部位于休斯敦的安然公司很快成为大规模会计造假的代名词。按照很多人的描述，安然这家公用事业公司采用的欺骗手法可谓精心设计，运用上千家资产负债表外的合伙公司来掩盖其巨大亏损，以及对投资者的巨额负债。虽然其做法表面上看不出破绽，但只要稍微掌握一些会计技能或稍懂一些财务报表的知识，就不难发现报表中的一些预警信号。

先来看安然公司1995年至2000年销售收入连续5年出现的跳跃式增长。

安然公司位列2000年《财富》榜500强公司的第7位（按照总收入排名），位次超越了AT&T（美国电话电报公司）和IBM两家大公司。短短5年间，安然公司的收入不可思议地增长近10倍（从1995年的92亿美元增长到2000年的1008亿美元）。

繁荣背后，具有警惕意识的投资者或许会产生疑问：有多少公司收入能在5年内从不足100亿美元增长到超过1000亿美元?

显然，安然公司令人惊奇的收入增长是前所未有的。不仅如此，该公司收入增长幅度如此巨大，竟然没有进行任何大型收购。看来，这种收入增长是完全不可能的！

有趣的是，虽然安然公司与那些大公司都上了《财富》榜，但安然公司所报告的总利润不足10亿美元（即不足销售收入的1%），相比其他公司显得微不足道。此外，安然公司的利润增长与销售额增长不成比例，这种现象显然很不寻常，属于明显的会计造假之类的警告信号。

例如，若销售额增长10%，那么投资者通常认为对于具有稳定利润水平的公司而言，其费用和利润会按同一比例增长。不过，安然公司的情形却是虽然销售额出现了大幅度增长，但所创造的利润几乎没有任何变化。这一情形缺乏合理性。

安然公司仅仅用了4年时间就实现了收入从100亿美元到1000亿美元的增长。反观其他公司，取得同样的收入增长几乎都需要10年或更长时间。安然这样的增长速度堪称史无前例。事实上，之前的纪录由沃尔玛保持，但该公司用了10年时间才完成销售收入从100亿美元到1000亿美元的飞跃。

如果稍加分析，不难发现，安然公司内部根本无法找到某个合理的商业模式来实现这样不朽的经营业绩。

2001年10月，安然公司委员会和安达信会计师事务所对该公司一些未列入合并报表的（表外业务）合伙企业进行了会计审计，认为安然公司应对其中一些合伙企业做报表合并，公司的财务报告应该能反映出这些合伙企业的财务情况。这一切其实就是最早揭露安然公司巨大欺诈行为的信号。

11月，真相逐渐显露，安然公司披露信息称减计之前所报告的净收入5.86亿美元，并减计股东权益12亿美元。于是，投资者纷纷开始撤资，安然公司股票价格一泻千里。在随后短短的9个月里，安然公司的股票价格从每股80多美元（公司市值超过600亿美元）暴跌至每股0.25美元，大多数股东遭受了重大损失。

2006年5月25日，陪审团判定安然公司主席肯·雷与首席执行官杰弗里·斯基林有罪。在斯基林被起诉的28项证券和通信欺诈罪中，19项罪名被判成立。最终，斯基林被判处24年监禁。

安然公司的破产倒闭，是有预兆的，其营收、利润等严重不符，稍微有点财务报表常识的老板都能发现其中的猫腻。这就是财务报表的启示作用。

总之，财务报表有利于企业领导者了解企业各项任务指标的完成情况，评价管理人员的经营业绩，以便及时发现问题，调整经营方向，制定措施改善经营管理水平，提高经济效益，为经济预测和决策提供依据。领导者应充分予以重视。

读懂资产负债表，了解经营状况

资产负债表，和利润表、现金流量表一起称为企业三大报表，它是反映企业在某一特定日期的财务状况（即资产、负债和业主权益的状况）的主要会计报表，其功用除了企业内部纠错、把握经营方向、防止弊端外，也可让企业领导者在最短的时间内了解企业经营状况。

那么，企业的经营状况如何通过一张小小的表格反映出来呢？具体来说，主要有以下几点。

1. 资产构成及状况

反映企业资产的构成及其状况，分析企业在某一日期所拥有的经济资源及其分布情况，可以揭示公司的资产及其分布结构。

例如：山川股份（600714）2001 年年报显示，流动资产期末货币资金比期初减少 193 万元、期末存货却增加 3200 万元，流动资产总额期末比期初减少 1648.3 万元。结合公司自 1996 年上市募集到一大笔资金以后，基本按募集资金投入使用，但募资之后5年，从本报告期所能反映的结果，不过使期末固定资产比期初增加了2244万元，却超过公司资产总额期末比期初增加额1738.91万元，说明公司资产的流动性明显下降，资产的变现能力在下降，同时也意味着资产的质量有所下降。

2. 负债总额及结构

反映企业某一日期的负债总额及其结构，揭示公司的资产来源及其构成。根据资产、负债、所有者权益之间的关系，如果公司负债比重高，相应的所有者权益即净资产就低，说明主要靠债务“撑大”了资产总额，真正属于公司自己的财产（即所有者权益）不多。

3. 所有者权益

反映企业所有者权益的情况，了解企业现有投资者在企业投资总额中所占的份额。实收资本和留存收益是所有者权益的重要内容，反映了企业投资者对企业的初始投入和资本累计的多少，也反映了企业的资本结构和财务实力，有助于报表使用者分析、预测企业生产经营安全程度和抗风险的能力。

表3–2　资产负债表（账户式）

编制单位：　　　　　　　　年　月　日　　　　　　　　单位：元

资产	行次	年初数	期末数	负债及所有权益	行次	年初数	期末数
流动资产				流动负债			
				长期负债			
长期投资				负债合计			
固定资产				实收资本			
无形资产				资本公积			

（续表）

资产	行次	年初数	期末数	负债及所有权益	行次	年初数	期末数
				盈余公积			
其他资产				未分配利润			
				所有者权益合计			
资产合计				负债与所有者权益合计			

4.短期偿债能力

资产负债表可以解释、评价和预测企业的短期偿债能力。例如，可随时上市交易的有价证券投资，其流动性一般比应收款项强，因为前者可随时变现；而应收款项的流动性又比存货项目强，因为通常应收款项能在更短的时间内转换成现金，而存货一般转换成现金的速度较慢。负债到期日越短，其流动性愈强，表明要愈早动用现金。

5. 长期偿债能力及资本结构

资产负债表可以解释、评价和预测企业的长期偿债能力和资本结构。企业的长期偿债能力主要指企业以全部资产清偿全部负债的能力。一般认为，资产越多，负债越少，其长期偿债能力就越强；反之，若资不抵债，则企业缺乏长期偿债能力。

6. 财务弹性

资产负债表可以解释、评价和预测企业的财务弹性。企业的财务弹性主要来自于：资产变现能力，从经营活动中产生现金流入的能力，对外筹集和调度资金的能力，以及在不影响正常经营的前提下变卖资产获取现金的能力。

7. 企业的绩效

资产负债表可以解释、评价和预测企业的绩效，帮助管理部门做出合理的经营决策。企业的经营绩效主要表现为获利能力，而获利能力则可用资产收益率、成本收益率等相对值指标衡量，这样将资产负债表和利润表信息结合起来，珠联璧合，可据以评价和预测企业的经营绩效。

8. 企业的盈利能力

可以辅助评价公司的盈利能力。通常情况下，资产负债率应当控制在适度的比例，如工业生产类企业应低于 60% 为宜，不过，过低（如低于 40%）也不好，说明公司缺乏适度负债经营的创新勇气。结合资产收益率，还可评价公司的资产创利、盈利能力。

还以山川股份为例，其资产负债率期初是 40.83%，期末是 37.38%，虽然在下降，但净资产收益率没有提高，而且期末股东权益较期初增加 2249.08 万元，尚不如存货增加数，说明公司产品的市场并不乐观，盈利能力一般。

资产负债表有这么多作用，看起来枯燥乏味的数据背后能反应这么多问题，那么，如何通过这些数据来发现问题、寻找问题呢？也就是如何看资产负债表呢？

简单来说，有以下四点：

第一，看资产负债结构。整体上看如果负债占资产的比率较低，代表企业的财务结构较合理，企业较有活力，可持续经营能力较强，股票在短时间内不会发生崩盘。如果负债占资产的比率太高，则说明企业的活力较差，持续经营能力有问题。

第二，看资产内部结构。一般来讲，如果企业的固定资产与长期资产占总资产的比率较低，则企业属于轻资产经营，代表企业的活力较强；反之，则企业的活力较弱。此时，可以结合反映企业经营能力的指标（如毛利率、净利率、企业现金流等）判断企业的活力。

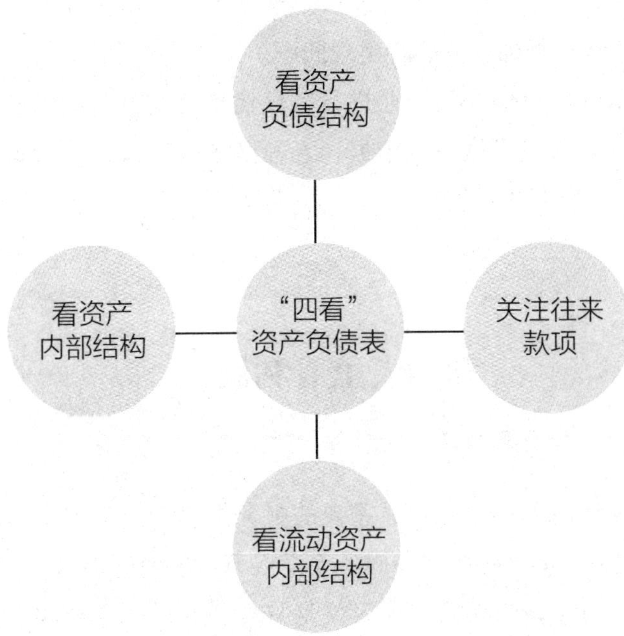

图 3–1 “四看”资产负债表

第三，看流动资产内部结构。特别是货币资金占流动资产的比率。如果货币资金比例较大、应收项目（应收账款、应收票据）比例较小，则说明企业比较容易收回账款，企业产品较有竞争力。如果货币资金比例较大、存货比例较小，则表示企业生产能力得到较充分的利用。这些都说明企业处在良好发展阶段，反之，则企业活力较差。

第四，关注往来款项。例如，企业在资金相对宽裕的情况下，应付账款和预收账款比较多，则代表企业在销售方面和供应商方面都有较强的谈判能力。即销售较旺盛且对供应商的控制力较强。这说明企业在市场中处于一个较有利的位置。此时，企业上下游通吃，活力较强。反之，如果企业资金相对宽裕，应付账款和预收账款均比较少，则代表企业的钱花不出去，没有投资机会，或产品不受市场欢迎，生产停滞。虽不至于崩溃，但企业的战略和管理需要调整，否则企业必将出现问题。

总之，资产负债表是企业进行各项经济活动分析的基础，为企业进行科学管理提供信息依据，老板必须要能读懂、看透数字背后的企业经营管理状况。

利润表里看利润

利润表是很多企业老板最重视的财务报表，因为这张表宣告了企业的盈亏金额，也揭露了这家企业经营者的经营能力。

但是，利润表的功能绝不仅仅是盈亏计算，深入利润表，我们还可以发现企业经营上的优点与缺失，从而让企业以此为根据不断改进。因此，企业老板读懂利润表，不仅能知道企业赚了多少钱，更重要的是了解这些钱赚得是否合理。

下面来看一张利润表（见表 3–3），以实际案例来说明。

表 3–3　B 企业利润表

单位：亿元

项目	2009 年（%）	2008 年（%）	变动差异（%）
一、营业收入	100	100	
减：营业成本	80.33	81.35	－1.02
营业税金及附加	0.43	0.51	－0.08
销售费用	3.78	4.29	－0.51
管理费用	8.68	8.29	0.39
财务费用	2.70	4.85	－2.15

（续表）

项目	2009年（%）	2008年（%）	变动差异（%）
资产减值损失	1.53	0.00	1.53
加：公允价值变动收益	0.00	0.00	0.00
投资收益	-0.10	1.04	-1.14
二、营业利润	2.45	1.75	0.70
加：营业外收入	4.92	0.13	4.79
减：营业外支出	0.15	0.08	0.07
三、利润总额	7.22	1.80	5.42
减：所得税	2.17	-0.08	2.25
四、净利润	5.05	1.88	3.17

从表3-3可看出该企业2009年度营业利润占营业收入的比重为2.45%，比2008年度的1.75%增长了0.70%；2009年度利润总额的比重为7.22%，比2008年度的1.80%增长5.42%；2009年度净利润的比重为5.05%，比2008年的1.88%增长了3.17%。

可见，从企业利润的构成情况上看，盈利能力比上年度有所提高。各项财务成果结构增长的原因，从营业利润结构增长看，主要是营业成本、营业税费、销售费用和财务费用结构下降所致，说明营业成本及税金和财务费用下降是提高营业利润比重的根本原因。

但是利润总额结构增长的主要原因，除受营业利润影响以外，主要还在于营业外收入比重的大幅提高。另外，投资净收益比重下降，管理费用、资产减值损失、营业外支出和所得税结构的提高，对营业利润、利润总额和净利润结构都带来一定不利影响。

看懂利润表，其实并不难，重点从以下几个方面学习即可。

1. 了解利润表的一般常识

首先，为方便非财务专业出身的老板，先针对利润表的一般常识作一些说明：

利润表的内容，通常应该尊重企业经营分析上的需要，用很多会计科目来编制，但不论使用多少会计科目，通常都应归属到下列四大类之下：

（1）营业收入。即提供商品或服务而换取的收入，这个收入原则上应符合营业执照上登记的项目，故出售固定资产并不能视为营业收入。

（2）营业成本。即营业收入所“对应”的商品或服务的价值。所谓“对应”是指如没有这个营业收入，便不会产生的成本。有一些公司经常会忽略商品以外的其他对应支出（如运费支出），以致常常发生毛利率失真的现象。

（3）营业费用。泛指为维持企业活动所必须支出的费用，该费用通常与某一特定的营业收入无关，因此是共同费用性质。在利润表中常分成推销费用、管理费用以及研究发展费用三类显示。

（4）营业外收支。指与营业宗旨无关的收入或支出，其中较有争议的是利息支出的部分，有很多企业经营者认为应作为营业费用。该项目可根据具体情况进行调整。

利润表每年结账一次，所谓结账，是指所有利润表上的科目在结账后都归零了，其差额转入资产负债表的所有者权益项下。

每一企业并不限定只编制一张利润表，为了让各个主要部门有绩效观念，常将这些部门都视为一个利润中心，各编制一张利润表。应注意的是，利润中心在合并利润表时，收益或费用不会虚增。

2. 与预算比较阅读

当一张利润表完成之后，我们该如何看呢？可以与预算比较来看，因为没有比较，单一的数据其实是没有意义的。没有预算的企业，至少可以将去年同期或去年平均的利润表作为比较的对象，定能看出问题。

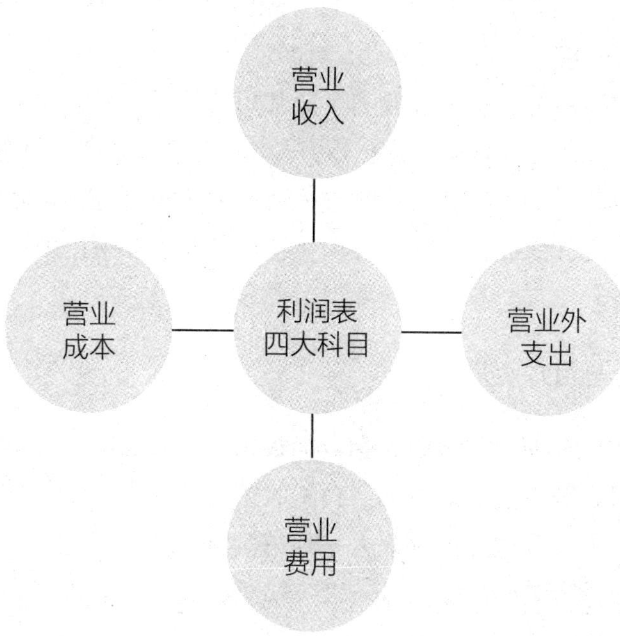

图 3–2　利润表四大科目

利润表的分析，通常分成四大部分：

（1）通过营业收入的比较，可以了解企业是成长或衰退的。如果发现有衰退现象，可经由会计账户资料，分析出是产品、客户还是业务员的原因，并加以改进。

（2）通过营业毛利的比较，可以了解企业产品在市场上的竞争力。如果一个企业毛利不断下降，那么通常代表该企业的产品创新能力不足，或者生产成本太高了。

（3）通过营业费用的比较，可以了解营业活动的有效性。如果营业费用比预算高时，企业经营者应该针对主要营业费用，查明其额外支出的原因。

（4）营业外收支变化，通常显示企业的财务管理技巧。一般营业外收支主要指利息收支、汇兑损益及短期投资损益三个项目。这些项目的收支常不在预算范围内，但对企业盈亏有重大影响，故应针对金额较大的项目作重点分析。

以上这四部分，是一般营利企业常用的分析项目。如果是制造业，还应该再加上成本异常之分析，其中包括有材料价格分析、材料用量分析、工资率分析、效率分析、无效工时分析、制造费用分析，以及产能分析。这些分析通常也是与预算来比较进而找出异常的。

3. 细分科目方便分析

为了方便利润表的分析，企业老板也可以要求财务人员将原有的会计科目分得更细。例如“销货收入”这一个会计科目，可以按客户类型，分成“销货收入—外销”“销货收入—中盘”“销货收入—用户”“销货收入—其他”等几类，这样，就不必到会计账户里面去找问题了。

总之，利润表不只是计算利润用的，更是为了要减少损失提高利润用的，因此利润表的设计不但要符合会计理论，更要满足经营管理的需要，让企业领导者可以经由利润表，看透利润玄机，并以此为根据，做出合理的决策。

现金流量表体现企业的生命力

利润反映了你赚钱的能力，而现金净流量反映了你未来存活下来的可能性。

企业的现金流量表，是反映企业现金流入与流出信息的会计报表。这里的“现金”指的是广义上的现金。它不仅指企业在财务部门保险柜里的现钞，还包括银行存款、短期证券投资，以及其他货币资金。

企业的现金流量由经营活动产生的现金流量、投资活动产生的现金流量和筹资活动产生的现金流量三部分构成。分析现金流量及其结构，可以帮助企业领导者了解企业现金的来龙去脉和现金收支构成，评价企业经营状况、创现能力、筹资能力和资金实力。

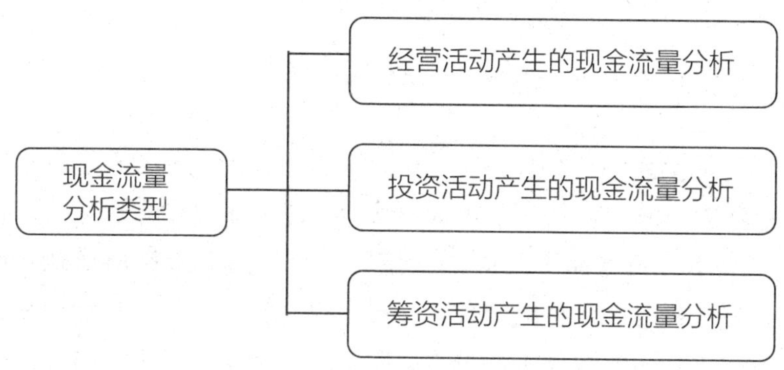

图 3–3 现金流量分析类型

1. 经营活动产生的现金流量分析

（1）将销售商品、提供劳务收到的现金与购进商品、接受劳务付出的现金进行比较。在企业经营正常、购销平衡的情况下，二者比较是有意义的。比率大，说明企业的销售利润高，销售回款良好，创现能力强。

（2）将销售商品、提供劳务收到的现金与经营活动流入的现金总额比较，可大致说明企业产品销售现款占经营活动流入的现金的比重大小。比重大，说明企业主营业务突出，营销状况良好。

（3）将本期经营活动现金净流量与上期比较，增长率越高，说明企业成长性越好。

2. 投资活动产生的现金流量分析

当企业扩大规模或开发新的利润增长点时，需要大量的现金投入，投资活动产生的现金流入量补偿不了流出量，投资活动现金净流量为负数。但如果企业投资有效，将会在未来产生现金净流入用于偿还债务，创造收益，企业不会有偿债困难。因此，分析投资活动现金流量，应结合企业的投资项目进行，不能简单地以现金净流入还是净流出来论优劣。

3. 筹资活动产生的现金流量分析

一般来说，筹资活动产生的现金净流量越大，企业面临的偿债压力也越大。但如果现金净流入量主要来自于企业吸收的权益性资本，则不仅不会面临偿债压力，资金实力反而增强。因此，在分析时，可将吸收权益性资本收到的现金与筹资活动现金总流入比较，所占比重加大，说明企业资金实力增强，财务风险降低。

下面来看一个案例。

表 3–4 HY 公司现金流量表

2015 年 10 月 31 日　　　　单位：元

项目	金额	项目	金额
一、经营活动产生的现金流量		购建资产所支付的现金	138 000
销售商品、提供劳务收到的现金	150 000	投资所支付的现金	7 000
收到的税费返还	5 000	支付的其他与投资活动有关的现金	2 400

（续表）

项目	金额	项目	金额
收到的其他与经营活动有关的现金	3 200	现金流出小计	147 400
现金流入小计	158 200	投资活动产生的现金流量净额	38 600
购买商品、接受劳务支付的现金	80 000	**三、筹资活动产生的现金流量**	
支付给职工及为职工支付的现金	28 000	吸收投资所收到的资金	120 000
支付的各项税费	12 000	借款所收到的资金	80 000
支付的其他与经营活动有关的现金	4 800	收到的其他与筹资活动有关的资金	0
现金流出小计	124 800	现金流入小计	200 000
经营活动产生的现金流量净额	33 400	偿还债务所支付的资金	6 000
二、投资活动产生的现金流量净额		分配股利、利润或偿还利息所支付的现金	160 000
收回投资所收到的现金	50 000	支付的其他与筹资活动有关的现金	3 000
取得投资收益所收到的现金	14 000	现金流出小计	169 000
处置资产所收回的现金净额	100 000	筹资活动产生的现金流量净额	31 000
收到的其他与投资活动有关的现金	22 000	**四、汇率变动对现金的影响**	0

（续表）

项目	金额	项目	金额
现金流入小计	186 000	五、现金及现金等价物净增加额	103 000

从HY公司10月份的现金流量表可以看出：

第一，当月HY公司经营活动现金流入量主要来源于商品销售的收入和企业所提供的劳务收入；现金支出主要是用于购买生产所需的商品，以及支付职工工资和企业各项税费。

第二，HY公司的投资活动中，现金流入的主要来源有四个途径：一是因为收回了企业的一部分对外投资款；二是收到了投资收益款；三是处置了一部分无用的固定资产、出售无形资产和长期资产收回的款项；四是收到了其他一些零星的投资收入。投资活动支出方面，主要是用来购买企业所需的固定资产等资产。

第三，HY公司的筹资活动中，收入主要来源于投资者的投资款项和借入款项。现金流出主要是分配了股东的股利、利润和利息，以及支付了企业的债务和其他一些筹资费用。

分析企业现金流量主要从以下三个方面进行。

1. 分析现金净流量的增减变化，了解企业短期偿债能力

如果本期现金净流量增加，表明公司短期偿债能力增强，财务状况得到改善。反之，则表明企业财务状况比较困难。但也并不是现金净流量越大越好。如果公司的现金净流量过大，表明公司未能有效利用这部分资金。这就是一种资源浪费。

2. 分析现金流入量的结构，了解企业生产经营的长期稳定性

经营活动是企业的主营业务，其提供的现金流量可以不断用

于投资，再生出新的现金流。来自主营业务的现金流量越多，表明企业发展的稳定性越强。投资活动是为闲置资金寻找投资场所。筹资活动则是为经营活动筹集资金。这两种活动所发生的现金流量，都是服务于主营业务的辅助活动。如果这部分现金流量过大，表明企业财务状况不稳定。

3. 分析投资、筹资活动的现金流量，了解企业未来发展前景

分析投资活动时，要特别注意区分对内投资和对外投资。

对内投资的现金流出量增加，意味着固定资产、无形资产等的增加，说明企业正处在经营扩张期，成长性较好。

对外投资的现金流入量大幅增加，则意味着企业现有经营资金不足，正在从外部引入资金以满足生产经营的需要。如果对外投资的现金流出量大幅增加，说明企业资金富余，正在通过转让资产使用权来获取额外收益。

总之，对于企业来说，一方面要以权责发生制来编制报表，计算出利润，来看一看企业有多大的赚钱能力；另一方面，也要以收付实现制来编制报表，计算出现金净流量，来看一看企业未来是否有可能存活下去，活得是否潇洒。

看透财务报表背后的玄机

分析财务报表可以说是企业领导的一门“艺术”。不认真不重视的领导，只能做做样子看看热闹；认真对待、严格把控的领导，才能看出一张张数字报表上那些枯燥乏味的数字背后隐藏的玄机。具体要做到以下几个方面。

1. 通读报表，探测企业是否有重大财务问题

拿到企业的报表，首先不是做一些复杂的比率计算或统计分析，而是通读三张报表，即资产负债表、利润表和现金流量表，看看是否有异常科目或异常金额的科目，或从表中不同科目金额的分布来看是否异常。

比如，在国内会计实务中，“应收、应付是个筐，什么东西都可以往里装”。其他应收款过大，往往意味着本企业的资金被其他企业或个人占用，甚至长期占用，这种占用要么可能不计利息，要么可能变为坏账。在分析和评价中，应剔除应收款可能变为坏账的部分，并将其反映为当期的坏账费用以调低利润。

2. 研究企业财务指标的变化趋势，辨别有无问题

一般情况下，一家连续盈利的公司业绩要比一家前 3 年亏损、当期却盈利丰厚的企业业绩来得可靠。

对国内上市公司的研究表明：一家上市公司的业绩必须看满 5 年以上才能基本上看清楚。如果以股东权益报酬率作为绩效指标来考核上市公司，那么会出现一个规律，即上市公司上市当年的该项指标相对于其上市前 3 年的平均水平下跌 50% 以上，且以后的年份很难再恢复到上市前的水平。解释只有一个：企业上市前的报表“包装”得太厉害。

3. 比较企业的利润水平是否与其现金流量水平一致

有些企业在利润表上反映出很高的经营利润水平，而在其经营活动产生的现金流量方面却表现贫乏，那么我们就应提出这样的问题：“利润为什么没有转化为现金？利润的质量是否有问题？”

被称为“中国安然事件”的银广夏事件被曝光前，广夏（银川）实业股份有限公司的盈利能力远远超过同行业的平均水平，可是其经营活动产生的现金流量净额却相对贫乏。事后证明，该公司系以其在天津的全资进出口子公司虚做海关报关单，然后在会计上虚增应收账款和销售收入的方式吹起利润的泡泡。而这些子虚乌有的所谓应收账款是永远不可能转化为经营的现金的，这也就难怪其经营活动产生的现金流量如此贫乏。

4. 将企业与同业比较，小心报表中的“粉饰”

将企业的业绩与同行业进行比较，也许会给我们带来更逼真的企业画面：一家企业与自己比较也许进步已经相当快了，比如销售增长了20%，但是放在整个行业看，可能就会得出不同的结论。如果行业平均销售增长水平是50%，那么低于此速度的、跑得慢的企业最终将败给自己的竞争对手。

粉饰报表、制造泡沫的一些手法，很容易导致企业领导者在做决策及绩效的评估时出现偏差，甚至完全错误。

5. 以非经常性业务利润掩饰主营业务利润的不足或亏损

非经常性业务利润，是指企业不经常发生或偶然发生的业务活动产生的利润，通常出现于投资收益、补贴收入和营业外收入等科目中。

如果我们在分析过程中发现，企业扣除非经常性业务损益后的净利润不到企业净利润总额的50%，那么我们就可以肯定，企业的利润主要不是来源于其主营的产品或服务，而是来源于不经常发生或偶然发生的业务，这样的利润水平是无法持续的，也并不反映企业经理人在经营和管理方面的能力。

6. 将收益性支出或期间费用资本化以高估利润

这是企业“粉饰”利润的惯用手法，比如将本应列支为本期费用的利润表项目反映为待摊费用或长期待摊费用的资产负债表项目。在国内房地产开发行业中，我们经常可以看到企业将房地产项目开发期间发生的销售费用、管理费用和利息支出任意地、长时间地“挂账”于长期待摊费用科目，使得这些企业的利润被严重地高估。

7. 以关联交易方式“改善”经营业绩

采用这一手法的经典例子是目前已经不复存在的“琼民源”公司。为了掩盖亏损的局面，该公司不惜采用向其子公司出售土地以实现当期利润，而下一年再从该子公司买回土地的伎俩，后来“东窗事发”，遭到财政部和证监会的严厉惩处。

因此，在分析报表时应关注企业关联交易的情况，研究其占企业总的销售、采购、借款及利润的比例，并应审查这些交易的价格是否有失公允。

8. 通过企业兼并“增加”利润

某些企业在产品或服务已经丧失盈利能力的情况下，采用兼并其他盈利企业的手段来“增加”其合并报表的利润。这些企业的会计高手利用国内尚未有合并会计报表的会计准则和目前合并报表暂行规定中的“漏洞”，将被兼并企业全年的利润不合适地并入合并报表中。

因此，在做报表分析时应特别注意企业的收购日期，收购前被兼并企业的利润水平，在合并利润表的利润总额和净利润之间有无除所得税和少数股东收益以外的异常科目出现。

9. 通过内部往来资金“粉饰”现金流量

有的企业在供、产、销经营活动产生的现金流量不足，便采用向关联企业内部融通资金，并把这些资金的流入列为“收到的其他与经营活动有关的现金”的手法，使现金流量表中经营活动产生的现金流量看起来更好。

总之，财务报表是企业所有经济活动的综合反映，提供了企业管理层决策所需要的信息，其背后也隐藏着企业的玄机。企业领导要认真解读与分析，才能洞穿玄机背后的经营管理问题，从而做对经营决策，脚踏实地谋求长远发展。

准确识别欺诈性报表

2002 年 11 月 19 日，朱镕基在香港举行的第六届世界会计师大会上演讲时透露，由于字写得不好，他很少题词，但为国家会计学院题写了四个字——“不做假账”。他说：“我希望每一个中国国家会计学院毕业的学生，永远都要牢记这四个大字！”

财务人员不能做假账，同时国家也一直在打击做假账的企业组织和个人，但假账还是有很多人做，他们正是利用了企业报表的数据作用和说服力，来达到他们一些不合规不合法的目的，比如偷税漏税、上市圈钱等等。

1993 年，西安达尔曼实业股份有限公司以定向募集方式设立，主要从事珠宝、玉器的加工和销售。1996 年 12 月，公司在上交所挂牌上市，并于 1998 年、2001 年两次配股，在股市募集资金共 7.17 亿元。西安翠宝首饰集团公司一直是达尔曼第一大股东，翠宝集团名为集体企业，实际上完全由董事长许宗林一手控制。

从公司报表数据看，1997 年至 2003 年间，达尔曼销售收入合计 18 亿元，净利润合计 4.12 亿元，资产总额比上市时增长 5 倍，达到 22 亿元。净资产增长 4 倍，达到 12 亿元。

在 2003 年之前，公司各项财务数据呈现均衡增长，然而，2003 年公司首次出现净利润亏损，主营业务收入由 2002 年的 3.16 亿元下降到 2.14 亿元，亏损达 1.4 亿元，每股收益为 -0.49 元，同时，公司的重大违规担保事项浮出水面，涉及人民币 3.45 亿元，美元 133.5 万元；还有重大质押事项，涉及人民币 5.18 亿元。

2004 年 5 月 10 日，达尔曼被上交所实行特别处理，变更为“ST达尔曼”，同时证监会对公司涉嫌虚假陈述行为立案调查。2004 年 9 月，公司公告显示，截至 2004 年 6 月 30 日，公司总资产锐减为 13 亿元，净资产 -3.46 亿元，仅半年时间亏损高达 14 亿元，不仅抵销了上市以来大部分业绩，而且濒临退市破产。

此后，达尔曼股价一路狂跌。2004 年 12 月 30 日跌破 1 元面值。2005 年 3 月 25 日，达尔曼正式退市，成为中国第一个因无法披露定期报告而遭退市的上市公司。

达尔曼自 1996 年上市至 2004 年，造假金额达 30 亿元之多，却始终没被发现。在这 8 年中虽然换了 3 次会计师事务所，却直至 2011 年董事长许宗林携款外逃，老婆、孩子、亲属全部移民加拿大，才被发现这是一场精心设计的骗局。

达尔曼公司的造假导致银行损失 20 多亿元，投资者损失 7 个多亿。达尔曼造假手段包括：利用员工的身份证成立 30 多家空壳公司；与上市公司进行虚假交易，不断地做项目，购买生产线、进口设备；对外投资、搞珠宝一条街等虚假项目……而公司的毛利率、销货比率、各种单据都造得天衣无缝，收入、现金流、各种比率都符合行业比率。

作为投资人或债权人，对企业财务状况的了解主要通过财务报表数据分析获得。如何正确看待、认识报表中的数据及其意义，要求具备一定的专业能力。而在企业造假手段层出不穷的今天，使用财务报表数据更需擦亮眼睛。需要掌握一定的财务报表识别和分析的方法，从而对公司的财务状况做出相对客观的评价，以便及时发现企业非正常操作或潜在危机，来指导外部和内部决策。

一般而言，财务报表造假主要有这几个原因：①为了应对企业内部考核；②为了获取信贷资金和商业信用；③为了发行股票早日上市；④为了逃避缴税和操纵股价。

那么，如何准确识别这些欺诈性的假报表呢？

1. 分析利润的来源与时间构成

企业利润的来源是多方面的，主要包括主营业务收入、其他业务收入、投资收益、营业外收入和补贴收入等。一般来说，企业的主营业务利润所占的比例较大，其他利润来源所占比例较小，有些项目甚至是没有的。因此，如果一个企业的补贴收入等偶然性项目在关键时刻出现异常，往往是企业为了达到融资等目的而实施的造假行为。

2. 报表对应关系识别法

在实际工作中，当出现因产品、劳务等形成的“关联”公司间的应收应付项目的急剧变动等情况时，应该多加留意，以便能及早发现问题，规避投资风险。

3. 现金流量分析法

如果企业的现金净流量长期低于净利润，意味着与已经确认为利润相对应的资产可能属于不能转化为现金流量的虚拟资产。若反差数额极为强烈或反差持续时间过长，必然说明有关利润项目可能存在挂账利润或虚拟利润的问题。

4. 应收款项和存货分析法

一些上市公司利用虚开购货发票增加收入和利润，一方面增加了商品销售收入，另一方面也会增加商品销售成本，同时也会导致存货的异常增加及存货周转率的急剧下降，而这些虚构的收入往往表现为应收账款，就会导致应收账款周转率急剧下降。

现实中，那些被假报表欺诈的企业领导者和投资者，绝大多数都不看财务报表，或者根本不愿意也不会看财务报表，因为密密麻麻的数字让人头大。其实，只要根据财务报表项目一项一项地分析，读懂数据背后的业务活动并不难，坚持几次，更会有意想不到的效果。而且当你发现数字之下竟然有如此之多的内涵，会有一种强大的驱动力，引导你进一步去探索去求证，从而提高对经营、管理、决策的判断力。

章节小记

读懂企业三大报表：资产负债表、利润表和现金流量表，这是企业老板的必修课。

看这三大报表的过程，实际上也是财务分析的过程。具备足够的财务知识和素养的老板，能从枯燥的财务报表中看出这些方面的问题：企业财务报表的真假虚实、企业短期偿债能力、企业长期偿债能力、企业经营管理能力、企业获利能力，等等。

企业老板如果动态地跟踪分析有关财务指标，就能轻松地找到企业财务状况发生变化的原因；如果和同行业企业之财务指标进行比较，更能掌握本企业在同行业中的地位。如此，则可以做出正确的决策，使企业的财务状况进入良性循环。

只有懂得一定财务知识，会看财务报表，不会被假报表忽悠的老板，才是真正的有“财能”的老板。

|第四章|

F I N A N C E

财务结构：搭建强健的财务“龙骨”

4

在金融学和会计领域，资本通常用来代表金融财富，特别是用于经商、兴办企业的金融资产。资本作用于企业，并不是像水一样，哪里低洼、哪里需要就流向哪里。资本的使用和分配，讲究一定的结构性。

资本结构是指企业各种资金的来源构成及其比例关系。它在很大程度上决定着企业的偿债和再融资能力，决定着企业未来的盈利能力，是企业财务状况的一项重要指标。合理的资本结构可以降低融资成本，发挥财务杠杆的调节作用，使企业获得更大的自有资金收益率。

正确认识资本结构

资本结构，是指企业各种资本的价值构成及其比例。企业一定时期的资本可分为债务资本和股权资本，也可分为短期资本和长期资本。

资本结构有广义和狭义之分：广义的资本结构是指企业全部资金的来源构成及其比例关系，不仅包括主权资本（指企业依法筹集，如通过吸收直接投资、发行普通股票获得并长期拥有、可自主支配的资本）、长期债务资金，还包括短期债务资金。狭义的资本结构仅指主权资本及长期债务资金的来源构成及其比例关系，不包括短期债务资金。

提到资本结构的同时，不可避免地会提到资产结构。两者既有密切的联系，又有着本质的区别。

资产结构是企业筹集资本后进行资源配置和使用后的资金占用结构，包括长、短期资产构成和比例，以及长、短期资产内部的构成比例。如：流动资产和固定资产、有形资产和无形资产、短期资产和长期资产、临时波动的资产和永久固定的资产等的构成比例。

简言之，资本结构说的是企业不同来源资金的构成比例；资产结构说的是企业获得资金后，在生产经营中长短期资金的占用构成比例。

二者虽然不同，但是企业资产结构是影响资本结构的重要因素：拥有大量固定资产的企业——需要通过长期负债和发行股票筹集资金；拥有较多流动资产的企业——更多地依赖流动负债筹集资金；资产适用于抵押的企业——通常负债较多；以技术研发为主的企业——一般负债较少。

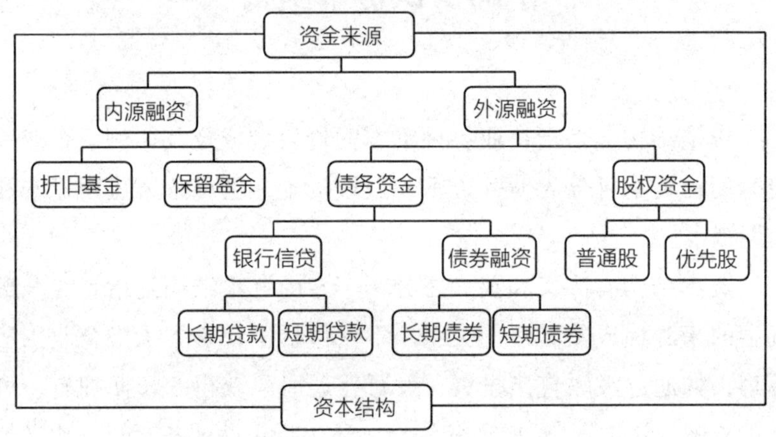

图 4-1 资本结构图

相对于资产结构，资本结构更容易被企业领导者忽视，其实，资本结构对企业来说是一个必不可少的参考指标。

美国通用电气公司很长时间以来，一直被认为是世界上管理最好的公司之一，其股东都收到了不错的回报。在公司运营过程中，通用电气从投资者手里共募集到了650亿美元的资金，并很快变成了一家价值超过3500亿美元的公司。

通用电气的总体资本成本率大约为11.9%。为了使投资者满意，通用电气项目的平均回报率要求必须至少达到11.9%以上。因此，公司需要不断寻找“利润增长点”，努力开发新产品、开拓新市场。

近几年，通用电气公司在西班牙新开设的塑料工厂已开始生产新型塑料制品；在日本新建的一家保险公司正在进行业务扩张；其飞机发动机部门争取到了全世界客机发动机50%以上的订单……

不论做什么项目，通用电气公司在评估时，首先考虑的是必须确保投资该项目的资本能带来的回报率高于成本。同时，也需要对总体资本的构成予以考虑，因为资本项目与结构比例的不同，也会给公司总的资本成本带来新的变化。

企业生产经营、扩张都需要资本，这些资本的使用不是免费的，而是需要承担相应成本的。不得不说，通用公司对资本结构的把握和控制，提高了他们的资本利用率，最大程度地防范了风险，提升了效益。

从通用的案例可以看出，企业的资本结构问题，主要就是资本的权属结构的管理决策问题，即债务资本的比例安排问题。在企业的资本结构决策中，合理地利用债务筹资，科学地安排债务资本的比例，是企业筹资管理的一个核心问题。它对企业具有非常重要的意义。

1. 降低企业的综合资本成本

合理安排债务资本比例，可以降低企业的综合资本成本。由于债务利息率通常低于股票股利率，而且债务利息在所得税前扣除，企业可享有所得税税收利益，从而债务资本成本率明显低于股权资本成本率。因此，在一定的限度内合理地提高债务资本的比例，可以降低企业的综合资本成本。

2. 获得财务杠杆收益

合理安排债务资本比例可以获得财务杠杆利益。在一定的限度内合理地利用债务资本，可以发挥财务杠杆的作用，给企业所有者带来财务杠杆利益。

3. 增加公司价值

合理安排债务资本比例可以增加公司的价值。一般而言，一个公司的现实价值等于其债务资本的市场价值与权益资本的市场价值之和，用公式表示为：

$$V = B + S$$

其中，V——公司总价值，即公司总资本的市场价值；

B——公司债务资本的市场价值；

S——公司股权资本的市场价值。

该等式表达了按资本的市场价值计量反映的资本权属结构与公司总价值的内在关系。公司的价值与公司的资本结构是紧密联系的，资本结构影响公司的债务资本市场价值和股权资本市场价值，进而对公司总资本的市场价值即公司总价值具有重要的影响。因此，合理安排资本结构有利于增加公司的市场价值。

资本的成本计算

资本成本是指企业为筹集和使用资金而付出的代价。广义讲，企业筹集和使用任何资金，不论短期的还是长期的，都要付出代价。狭义的资本成本，仅指筹集和使用长期资金（包括自有资本和借入长期资金）的成本。由于长期资金也被称为资本，所以长期资金成本也称为资本成本。

资本成本是财务管理中的重要概念。首先，资本成本是企业的投资者（包括股东和债权人）对投入企业的资本所要求的收益率；其次，资本成本是投资本项目（或本企业）的机会成本。

1. 资本成本的内容和分类

资本成本主要包括：资金筹集费和资金占用费。

资金筹集费，是指在资金筹集过程中支付的各项费用，如发行股票、债券支付的印刷费、发行手续费、律师费、资信评估费、公证费、担保费、广告费等。

资金占用费，是指占用资金支付的费用，如股票的股息、银行借款和债券利息等。相比之下，资金占用费是筹资企业经常发生的，而资金筹集费通常在筹集资金时一次性发生，因此在计算资本成本时可作为筹资金额的一项扣除。

资本成本通常分为三类：个别资本成本、加权平均资本成本和边际资本成本。

个别资本成本，是指企业各种长期资金的成本率，包括普通股成本、留存收益成本、长期借款成本、债券成本等。企业在比较各种筹资方式时，使用个别资本成本。

加权平均资本成本，是指企业全部长期资金的加权平均资本成本率。企业在进行长期资本结构决策时，使用加权平均资本成本。

表 4-1 加权平均资本成本表

项目	2012 年	2013 年	2014 年	2015 年	2016 年
负债总额					
股权资本					
全部资本					
债务比重					
权益比重					
税后债务资本成本					

（续表）

项目	2012 年	2013 年	2014 年	2015 年	2016 年
权益资本成本					
加权平均资本成本					

边际资本成本，是指企业追加筹集长期资金的加权平均资本成本率。企业在进行追加筹资决策时，使用边际资本成本。

2. 资本成本的作用和意义

（1）评价投资项目、比较投资方案和追加投资决策的主要经济标准。

在投资决策中通常将资本成本视为投资项目的“最低收益率”，看作是否采用投资项目的“取舍率”，作为比较选择投资方案的主要标准。

（2）确定筹资方案的重要依据。

企业筹集长期资金的方式、所筹资金的资金成本、不同方式下的个别资本成本可作为比较各种筹资方式的重要依据。企业的全部资金由不同方式筹资组合构成，这种筹资组合有多个方案供选择，从而形成不同的资本结构，加权平均资本成本的高低是比较各个筹资组合方案，做出资本结构决策的基本依据。企业为了扩大规模，增加生产经营所需资产或增加对外投资，往往需要追加筹资，边际资本成本是比较选择追加筹资方案的重要依据。

（3）衡量企业经营成果的尺度。

企业实际的资本成本率与相应的利润率相比，如果利润率高于资本成本率，可以认为企业经营有利；如果利润率低于资本成本率，则可以认为企业经营不利，业绩不佳，需要改善经营管理，提高利润率和降低资本成本率。

3. 资本成本高低的决定因素

在市场经济环境中，多方面因素的综合作用决定着企业资本成本的高低，其中主要的有：总体经济环境、证券市场条件、企业内部的经营和融资状况、项目融资规模。

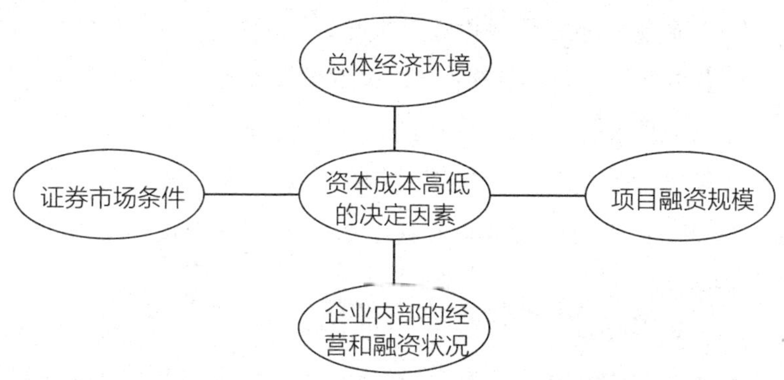

图 4–2 资本成本高低的决定因素

（1）总体经济环境。

总体经济环境决定整个经济中资本的供给和需求，以及预期通货膨胀的水平。总体经济环境变化的影响，反映在无风险报酬率上。

如果整个社会经济中的资金需求和供给发生变动，或者通货膨胀水平发生变化，投资者也会相应改变其所要求的收益率。具体说，如果货币需求增加，而供给没有相应增加，投资人便会提高其投资收益率，企业的资本成本就会上升；反之，则会降低其要求的投资收益率，使资本成本下降。如果预期通货膨胀水平上升，货币购买力下降，投资者也会提出更高的收益率来补偿预期的投资损失，导致企业资本成本上升。

（2）证券市场条件。

证券市场条件包括证券的市场流动难易程度和价格波动程度，

影响证券投资的风险。

如果某种证券的市场流动性不好，投资者想买进或卖出证券相对困难，变现风险加大，要求的收益率就会提高；或者虽然存在对某证券的需求，但其价格波动较大，投资的风险大，要求的收益率也会提高。

（3）企业内部的经营和融资状况。

企业内部的经营和融资状况，也指经营风险和财务风险的大小。

经营风险是企业投资决策的结果，表现在资产收益率的变动上；财务风险是企业筹资决策的结果，表现在普通股收益率的变动上。如果企业的经营风险和财务风险大，投资者便会有较高的收益率要求。

（4）融资规模。

企业的融资规模大，资本成本较高。比如，企业发行的证券金额很大，资金筹集费和资金占用费都会上升，而且证券发行规模的增大还会降低其发行价格，由此也会增加企业的资本成本。

总之，对于企业投资来讲，资本成本是评价投资项目、决定投资取舍的重要标准。资本成本还可用作衡量企业经营成果的尺度，即经营利润率应高于资本成本，否则表明业绩欠佳。

资本结构的决策方法

资本结构决策，是在若干可行的资本结构方案中选取最佳资本结构。其中，资本结构是指企业各种资本的构成及其比例关系。资本结构决策在财务决策中具有极其重要的地位。

资本结构决策主要有两个原则：其一，有利于最大限度地增加所有者的财富，能使企业价值最大化；其二，企业的加权平均资金成本最低。由此，我们在讨论资本结构决策，调整负债与所有者权益之间的比例时，往往采用三种方法：企业价值最大判断法、加权平均资金成本最低判断法和无差异点分析法。前两种又可合并成一种，因为通常来讲，资金成本最低，就意味着企业价值最大。

在筹资决策中，确定最佳资本结构的方法有三种：资本成本比较法、每股收益分析法和企业价值比较法。

1. 资本成本比较法

资本成本比较法是指在不考虑各种融资方式在数量与比例上的约束及财务风险差异时，通过计算各种基于市场价值的长期融资组合方案的加权平均资本成本，并根据计算结果选择加权平均资本成本最小的方案，确定为相对最优的资本结构。

资本成本比较法仅以资本成本最低为选择标准，因测算过程简单，是一种比较便捷的方法。但这种方法只是比较了各种融资组合方案的资本成本，难以区别不同的融资方案之间的财务风险差异，在实际计算中有时也难以确定各种融资方式的资本成本。

2. 每股收益分析法

资本结构是否合理，可以通过分析每股收益的变化来衡量，即：能提高每股收益的资本结构是合理的，反之则不够合理。但每股收益的高低不仅受资本结构的影响，还受到销售水平的影响。处理以上三者的关系，可以运用每股收益分析法。

每股收益分析是利用每股收益的无差别点进行的。所谓每股收益无差别点，是指不同筹资方式下每股收益都相等时的息税前利润或销售水平。根据每股收益无差别点，可以分析判断在什么样的销售水平下适于采用何种资本结构。

在筹资分析时，当息税前利润（或销售收入）大于每股收益无差别点的息税前利润（或销售收入）时，运用负债筹资可获得较高的每股收益；反之，当息税前利润（或销售收入）低于每股收益无差别点的息税前利润（或销售收入）时，运用权益筹资可获得较高的每股收益。

每股收益无差别点法为企业管理层解决在某一特定预期盈利水平下应选择什么融资方式提供了一个简单的分析方法。

3. 企业价值比较法

企业价值比较法，是通过计算和比较各种资本结构下公司的市场总价值来确定最优资本结构的方法。最优资本结构，亦即公司市场总价值最大的资本结构。

例如，某公司年税前盈余为500万元，资本全部由普通股构成，股票账面价值为2000万元，所得税税率为25%。该公司认为目前的资本结构不够合理，准备用发行债券购回部分股票的办法予以调整。经调查，目前的债务利率和权益资本的成本情况如表4–2所示。

表 4–2　某公司债务利率和权益资本的成本

债券市场价值（百万元）	税前债务成本（%）	股票系数	无风险利率（%）	市场平均报酬率（%）	权益成本（%）
0	—	1.20	10	14	14.8
2	10	1.25	10	14	15.0
4	10	1.30	10	14	15.2
6	12	1.40	10	14	15.6
8	14	1.55	10	14	16.2
10	16	2.10	10	14	18.4

根据表 4–2 所示，运用公司价值分析法的有关公式，即可计算出发行不同金额的债券时公司总价值和资本成本的数据，计算结果如表 4–3 所示。

当债券为 0 时，股票的市场价值为：

股票资本成本 =10% + 1.20 ×（14%–10%）=14.8%

股票总价值 =（500–0）(1–40%) / 14.8%=20.27（百万元）

以此类推。

表 4–3 某公司资本成本与公司总价值

债券市场价值（百万元）	股票的市场价值（百万元）	公司的市场价值（百万元）	税前债务成本（%）	权益成本（%）	综合资本成本（%）
0	—	1.20	10	14	14.8
2	10	1.25	10	14	15.0
4	10	1.30	10	14	15.2
6	12	1.40	10	14	15.6
8	14	1.55	10	14	16.2
10	16	2.10	10	14	18.4

从表 4–3 中可以看到，在没有债务的情况下，公司价值就是其股票的市场价值。当公司用债务资本部分地替换权益资本时，一开始公司价值上升，综合资本成本下降；在债务达到 600 万元时，公司价值最高，综合资本成本最低；债务超过 600 万元后，公司价值开始下降，综合资本成本开始上升。因此，债务 600 万元时的资本结构是该公司的最佳资本结构。

在企业资本结构决策中，虽然有不同的决策方法、不同的指标来指导资本结构决策，但事实上，目前的理论仍难以准确地揭示出资本成本、财务杠杆、每股收益等指标与企业价值之间的确切关系，所以在一定程度上，更多的筹资决策还要依靠有关人员的经验和主观判断来完成。

资产结构对企业的影响

上文提到，资产结构与资本结构都与财务结构有关，但两者是完全不同的。资产结构，是指各种资产占企业总资产的比重。

一般来说，资产结构主要分为以下几种结构形式：

· 按资产的价值转移方式划分为流动资产和固定资产；

· 按资产的占用形态分为有形资产和无形资产；

· 按资产的占用期限划分为短期资产和长期资产；

· 按资产的用途结构划分为货币资产、结算资产、非商品材料资产、商品材料资产、固定资产、无形资产及递延资产；

· 资产的资本形态结构划分为货币资本、商品资本和生产资本；

· 按资产的数量习性划分为临时波动的资产和永久固定的资产。

由于企业经营是对各种资产的运用，让其充分发挥作用，产生最大的收益，所以这些不同划分和不同结构的资产，对企业生产经营和财务活动，均会产生如下不同的影响（见图 4–3）。

1. 风险影响

（1）流动资产、短期资产风险相对较小。

不同种类的资产对企业会形成不同的经营风险。一般地，流动资产或短期资产因其能在短期内完成周转、实现价值，所以企业对这类资产的市场预期往往较容易和准确，而且短期内市场的变动一般来说不会很大，即较少出现市场预期与市场变动不一致的情况，这就为有效经营资产提供了可能。也就是说，这类资产的经营风险相对较小。

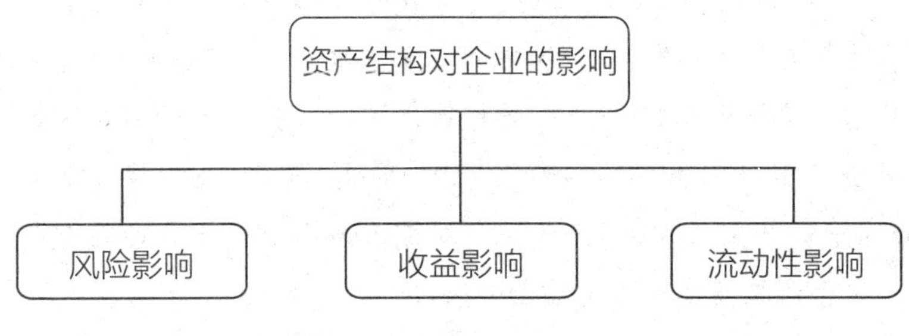

图 4–3　资产结构对企业的影响

（2）固定资产、长期资产风险较大。

固定资产、长期资产需要在较长时期内完成周转，实现其价值。在这一较长时期内，市场变化莫测，企业要进行较长时期的市场预测往往较难，且不易准确，市场预期与市场变动极易相背离。所以，企业要有效地经营这些资产，必然会遇到更多的市场障碍，从而使这些资产的经营风险相对较大。

（3）无形资产风险更大。

无形资产也如固定资产一样，无论企业是否经营，它的转移价值或摊销成本都照样发生。它是一种固定费用，因此，它的经营风险比实物资产更大。

综上可以看出，由于不同的资产面临不同的风险，所以，企业的资产结构不同，企业所承受的风险也不相同，企业应寻求一种既能满足生产经营对不同资产的需求，又能使经营风险最小的资产结构。

2. 收益影响

不同的资产对企业收益也有不同的影响。资产按与企业收益的关系大致可以分为三类：一是直接形成企业收益的资产；二是对企业一定时期收益不产生影响的资产；三是扣抵企业一定时期收益的资产。

直接形成企业收益的资产主要包括结算资产（预付账款、其他应收款除外）、商品、产品资产、投资资产等。对企业一定时期的收益不产生影响的资产主要是货币资产。扣抵企业一定时期收益的资产主要有非商品、产品资产、固定资产、支出性无形资产（或递延资产），这些资产在一定时期内可以有助于企业收益的实现，是企业收益实现不可缺少的条件。

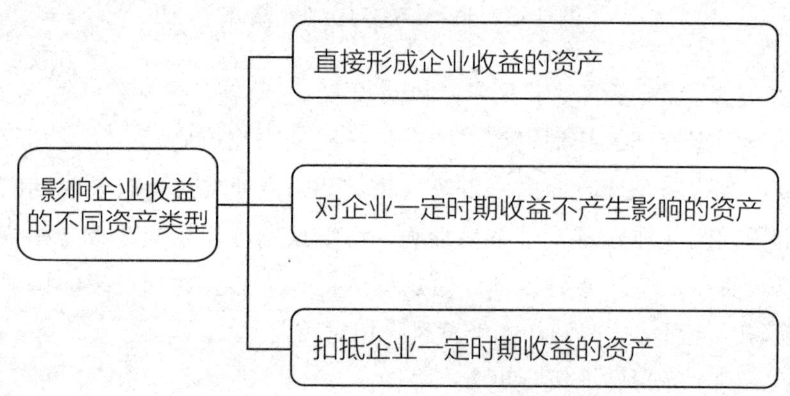

图 4–4　影响企业受益的资产类型

但是，从实际的收益计算看，这些资产转移或摊销价值则是其他资产取得收益的抵扣项目。所以，在总资产一定的条件下，这些资产占用越多，要抵扣的收益就越多，企业利润就越小。因此在企业总资产中，应尽可能地增加直接形成企业收益资产的比重，减少其他两类资产的比重。

此外，资产结构对收益的影响，还表现在资产内部结构不协调，而使某项资产占用过多，另一项资产占用短缺所带来的损失。这种损失表现在两个方面：一方面，资产占用过剩，进而使资金成本无端增加，这是由融资成本多少来反映的；另一方面，资产占用短少，会影响企业资金的整体周转效果，如果周转利益一定，结果必然会因此而减少总周转利益。

3. 流动性影响

资产的流动性是指资产的变现速度。资产流动性大小与资产的风险大小和收益高低是相联系的。总的来看，流动性大的资产，其风险相对小，收益相对高；反之，流动性小的资产，其风险相对较大，收益相对较低。但也可能出现不一致的情况：

（1）流动性很强的短期证券，可能由于市场变动不利，在企业将其出售变现时，不会产生较多的收益，甚至还会出现亏损。相反，企业长期投资中的证券投资变现能力小，但由于接受投资企业的经济效益好，所以企业的投资回报较高。

（2）流动性很强的资产一旦遇到市场变现的障碍，就会变成呆滞品，其经营风险很高。在一般情况下，企业的流动资产比固定资产、金融资产比实物资产、收益性无形资产比支出性无形资产、短期资产比长期资产、货币资产比商品资产和生产资产、临时波动的资产比永久固定的资产流动性大。

总之，资产结构影响着企业的效益，没有合理的资产结构，企业将无法获得最大的利益。

如何优化资产结构

在现实经营中，许多企业无法创造满足资本回报要求的盈利，是因为它们有过多的非经营性资产，比如许多企业有自己的会议中心、食堂、员工宿舍等；又如不少企业账面上挂着大量的无变现价值的库存、应收账款。

这些资产显然并未直接为企业产生价值，却占用了大量资金。

这些企业如果想提高资本使用效率、降低资本成本，一方面可以通过灵活的经营战略变现库存、应收账款，另一方面可以考虑运用财务手段，剥离非经营性资产。

下面我们着重谈一下企业可以考虑用哪些财务手段优化资产结构，提高资本效率，实现盈利增长。

1. 分拆资产

分拆资产可以用于当上市公司的资产价值对于市场而言拆散时的价值高于其作为整体时的价值。

> 万豪酒店在1993年将资产一分为二，分拆成“万豪国际”和“万豪服务”。万豪服务掌握了集团的不动产和债务；万豪集团转而将万豪服务出售给高税赋的投资者，因为他们愿意溢价购买这些不动产和债务作为税盾，帮助其降低所得税赋。而万豪国际则转型成纯粹的服务性机构，与投资者们签订长期的管理协议对酒店进行经营管理。
>
> 这一分拆一方面通过资产出售直接为企业产生现金，另一方面通过长期的管理协议又为企业提供了稳定的收入来源。

其实，这种业务重组在成熟资本市场非常普遍。我们看到，国内也不乏通过业务重组提升企业投资价值的机会。

> 峨眉山旅游总资产收益率和净资产收益率比较低，与其行业需求和业务特征、竞争地位很不匹配。分析峨眉山旅游的业务结构可以看到，门票和索道资产占公司总资产的比重不到20%，而业务收入和利润占比超过80%，旅游收入持续递增（门票价格高，多次上涨）；宾馆和餐饮等业务的资产占公司总资产的比重超过80%，而业务收入和利润占比低于20%。此外，资产负债率却低于20%，资本结构也不合理。

因此，峨眉山旅游的业务结构和资本结构通过重组可以进一步增加企业投资价值。

2. 债权融资和租赁融资

当然，分拆资产并不总是企业提高资本效率的最佳途径。在很多情况下市场无法提供一个合理的资产价格；而对服务业公司来说，可能并不存在这么多可资利用的有形资产。在这种情况下，债权融资是促进可持续增长的一种合适方法。债权融资带来的资金能为企业提供更多的扩张机会。然而企业财务主管还要考虑企业债务与股本结构，以及现金流和盈利能否弥补债务筹资成本的问题。

（1）资产流动性如何。企业手头的现金可被视为债务的保障，同时企业也可以通过控制债务数额调整现金头寸；

（2）利息减税收益对现金流的影响；

（3）其他债务融资方案，如一些使现金流流出与流入相匹配的利息递延贷款；

（4）对许多企业特别是中小型企业来说，他们进入资本市场融资的能力往往与其筹资愿望存在一定差距。他们需要更紧密地联系市场，并满足资金供应者的回报期望。市场不熟悉的新公司常常需要首先取得财务信用，而在这一过程中良好的资产负债结构无疑可以起到重要作用。

企业可以考虑的资产负债管理方法还有租赁融资：当资金的机会成本低于租赁费用时，直接购买资产是更好的选择；另一方面，如果租赁更为经济，企业就应该将资产出售后返租回来。例如，三九集团就通过深圳金融租赁公司进行融资，帮助其发展万家连锁药店。但是，三九集团其实是将其100%控股的药店业务的金融风险转嫁到其50.29%控股的租赁公司，有利益冲突之嫌。

3. 处理非核心资产，保留收入之源

资产负债率过高的企业可以有多种解决方案优化资产负债表，如：通过变现非核心资产筹资，或者通过外包协议减少管理费用。在某些情况下，这两种方法的结合可能更为适当。

企业资产的账面价值往往大大低于市场的公允价值，因而企业可以通过出售这些资产获得溢价收入，这会把固定费用转为可变费用，进而改善资产负债表并提高财务比率。另外，企业从购买者处租回资产，又能保持对生产或经营流程的控制。

但在一些情况下，财务主管可能会采取将非核心业务外包给第三方的做法。如果将业务外包给第三方专业经营者后，能更有效地进行管理，在降低成本的同时保证产品质量，那无疑对企业是有好处的。

上述方法是优化资产结构的主要方法，企业可以根据自己的实际情况来选择。资产结构的合理与否，直接影响到企业能否正常运营及经济效益如何，企业领导者千万不能马虎，应慎重对待。

章节小记

合理安排资本结构，就像搭建强健的企业财务“龙骨”，有利于维护公司的稳定运转，有利于增加公司的市场价值。其主要体现在以下几个方面：

1. 有利于保证企业正常运转。如果资产结构合理，就能减少资金积压与闲置，加速周转，提高效率，确保企业正常经营，不因滞销、积压而周转不灵。

2. 有利于获得资金最佳效益。企业资金来源是有限的，优化资产结构，能将有限的资金用于高回报项目，取得最佳经济效益。

如果不善于使用资金，有可能将有限的资金占用在低效或负效项目上，使企业发生亏损。

3. 有利于降低资本成本。优化资产结构能减少资金占用，加速周转，相应地减少举债，降低资金成本。

4. 有利于筹集资金。企业举债或发行股票，债权人和投资者都要对企业进行考察，看经营者使用资金的能力。判断其使用能力的依据就是企业现有资金结构是否合理。如果经营者使用资金的能力低下，债权人和投资者投资的风险就大，所以企业资产结构优化与否是影响筹资能力的重要因素。

|第五章|

F I N A N C E

财务价值：与你的身价息息相关

5

很多企业老板可能在忙碌的工作中，忽视了自己企业的价值，不知道自己究竟身价几何。其实，对资本的价值，对自己的家底，还是要有充分认识的。

企业的价值也不仅仅体现在资金上。对人来说，时间就是金钱；对金钱来说，时间更是金钱；机会也是金钱。这些都属于无形资产。在国外，一些高新技术产业的无形资产价值远高于有形资产，我国高新技术产业的无形资产价值亦相当可观。

一算吓一跳的货币时间价值

本杰明·富兰克林说过：“钱生钱，并且所生之钱会生出更多的钱。”这就是货币时间价值的本质。

所谓货币的时间价值，是指当前所持有的一定量货币比未来获得的等量货币具有更高的价值。从经济学的角度而言，当前的一单位货币与未来的一单位货币的购买力之所以不同，是因为要节省现在的一单位货币不消费而改在未来消费，则在未来消费时必须有大于一单位的货币可供消费，作为弥补延迟消费的贴水。

> 1797 年 3 月，拿破仑在卢森堡第一国立小学演讲时说了这样一番话：“为了答谢贵校对我，尤其是对我夫人约瑟芬的盛情款待，我不仅今天呈上一束玫瑰花，并且在未来的日子里，只要我们法兰西存在一天，每年的今天，我将亲自派人送给贵校一束价值相等的玫瑰花，作为法兰西与卢森堡友谊的象征。”
>
> 时过境迁，拿破仑穷于应付连绵的战争和此起彼伏的政治事件，最终惨败而被流放到圣赫勒拿岛，把自己对卢森堡许下的诺言忘得一干二净。可卢森堡这个小国对这位“欧洲巨人与卢森堡孩子亲切、和谐相处的一刻”念念不忘，并载入他们的史册。
>
> 1984 年底，卢森堡旧事重提，向法国提出违背“赠送玫

瑰花”诺言案的索赔；要么从1797年起，用3路易作为一束玫瑰花的本金，以5厘复利（即利滚利）计息全部清偿这笔玫瑰案；要么法国政府在法国各大报刊上公开承认拿破仑是个言而无信的小人。

起初，法国政府准备不惜重金赎回拿破仑的声誉，但又被电脑算出的数字惊呆了；原本3路易的许诺，本息竟高达1 375 596法郎。苦思冥想后，法国政府字斟句酌的答复是："以后，无论在精神上还是物质上，法国将始终不渝地对卢森堡大公国的中小学教育事业予以支持与赞助，来兑现我们的拿破仑将军那一诺千金的玫瑰花信誉。"这一措辞最终得到了卢森堡人民的谅解。

根据货币的时间价值的观点，当前拥有的货币比未来收到的同样金额的货币具有更大的价值。即使有通货膨胀的影响，只要存在投资机会，货币的现值就一定大于它的未来价值。

1. 货币时间价值的原因分析

（1）货币时间价值是资源稀缺性的体现。

在货币经济条件下，货币是商品的价值体现，当前的货币用于支配当前的商品，将来的货币用于支配将来的商品，所以当前货币的价值自然高于未来货币的价值。市场利息率是对平均经济增长和社会资源稀缺性的反映，也是衡量货币时间价值的标准。

（2）货币时间价值是信用货币制度下，流通中货币的固有特征。

在当前的信用货币制度下，流通中的货币是由中央银行基础货币和商业银行体系派生存款共同构成。由于信用货币有增加的趋势，所以货币贬值、通货膨胀成为一种普遍现象，现有货币也总是在价值上高于未来货币。

（3）货币时间价值是人们认知心理的反映。

因为当前单位货币价值要高于未来单位货币的价值，为使人们放弃当前货币及其价值，就必须付出一定代价，利息便是这一代价的体现。

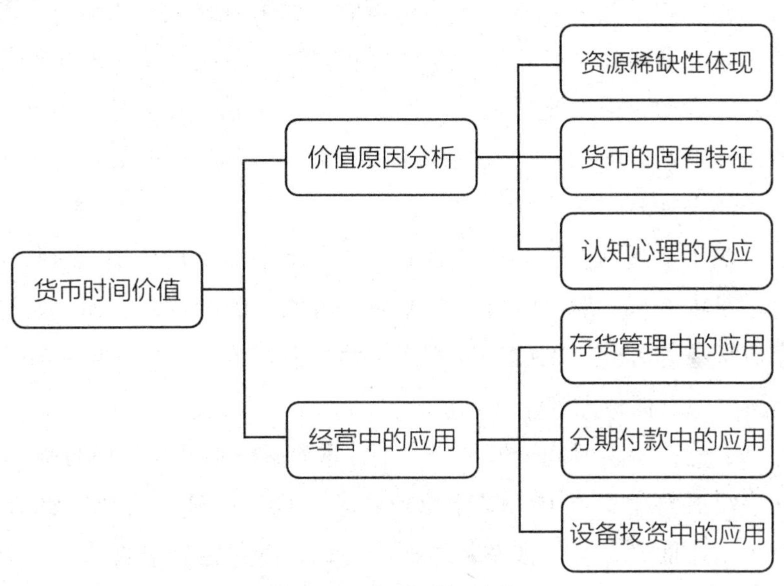

图 5–1 货币时间价值

2. 货币时间价值在企业经营中的应用

（1）在企业存货管理中的应用。

一方面，企业会由于销售增加引起存货增加而多占用资金；另一方面，企业也会由于存货周转慢而使存货滞销、积压严重，影响资金的周转，降低企业的经济效益。假如经营者要处理积压存货，权衡存货削价的得失时，要从货币的时间价值上考虑以下两个方面：一是在预计滞销积压存货时，不能按单利计算，而要按复利计算；二是保管费用的货币支出也应按复利计算其终值。

（2）在企业销货分期付款中的应用。

如果企业采用的是分期付款的销售方式，那么也会涉及货币时间价值问题。

（3）在企业设备投资中的应用。

企业在进行固定资产更新决策时，面临着继续使用旧设备与购置新设备的选择。一般说来，设备更换并不改变企业的生产能力，不增加企业的现金流入。因此，较好的分析方法是比较继续使用和更新的年成本，较低的作为好方案，这时，就要考虑货币时间价值。

除了上述几个方面外，企业经营活动中的委托代销、应收应付、租赁寄售、股利分红、企业兼并收购、固定资产折旧及对外经济贸易等方面，都应充分考虑货币的时间价值，以使资金在周转过程中发挥最大的经济效益。

总之，货币时间价值是一个十分重要又很容易被忽略的概念，它广泛客观地存在并贯穿于企业经营、投资、筹资活动的始末。对于企业而言，凡是涉及货币性交易的事项都需要考虑货币的时间价值；对于个人而言，合理地利用货币时间价值可以获得更高的收益。

财务管理也能创造价值

说到企业的价值创造，很多人会想到工人的劳动能创造价值，技术人员的研发活动能创造价值，销售人员的营销工作也能创造价值，但对企业的财务管理能否创造价值却未必有清晰的认识。

企业财务管理的对象是资金运动，凡资金运动轨迹所到之处皆为财务管理发挥作用的工作范围。因此，从本质上讲，财务管理的职能就是管理风险，创造价值。

2013 年，始建于 1950 年的大型央企中化集团，高调亮出了“创造价值，追求卓越”的核心理念，其主业包括能源、农业、化工、地产、金融五大领域。截至当前，中化集团已 22 次入围《财富》全球 500 强，2011 年实现营业收入 4589 亿元，同比增长 37%；利润总额 134 亿元，同比增长 48%，资产总额达到了 2582 亿元。

中化集团的发展可谓先苦后甜。在经历了 1998 年的亚洲金融危机后，中化看到了自己薄弱的风险管控能力，以及缺少独立性和职业判断力的财务管理体系，于是痛定思痛，成立了风险管理部，并采取一系列措施提高企业风险管理能力。这对于成功抵御 2008 年金融危机，起了重要作用。在此基础上，2011 年中化集团又明确提出了“打造价值创造型”的整体财务战略目标，进而实现了财务管理体系由“管控型”向“价值创造型”的转变。

具体来看，企业财务管理的价值创造作用主要体现在三个方面。

1. 直接创造价值

即通过财务管理活动直接增加企业价值。这种直接创造的价值是可以计量的。包括：

（1）资金集中管理。通过对企业资金实施集中管理，可以盘活资金存量，降低财务费用，直接增加企业利润。

（2）税收筹划。通过合法合理的税收筹划，可以降低企业整体税负，减少税费支出，直接增加企业利润。

（3）成本控制。通过开展成本控制活动，可以降低成本费用，减少资产占用，直接增加企业利润。

（4）融资方式选择。通过提高直接融资比重（如发行企业债、公司债、短期融资券、中期票据等），可以降低整体利率，直接增加企业利润。

（5）资本市场运作。通过上市融资、配股、增发、引进战略投资者等非负债方式融入资金，可以增加企业净资产，扩大所有者权益，从而提高企业价值。

（6）资源合理配置。通过全面预算管理对企业资源进行合理配置，可以提高资源使用效率，减少资产闲置浪费，直接增加企业利润。

表 5–1 财务管理价值创造

价值类别	财务管理价值创造
直接创造价值	资金集中管理、税收筹划、成本控制、融资方式选择、资本市场运作、资源合理配置
间接创造价值	财务信息支持、财务分析支持、运行监控支持、绩效考核支持、财权配置支持
保护企业价值	财务审核监督、财务内控制度、财务预警体系、审计检查

2. 间接创造价值

即通过财务管理活动支持企业生产经营和企业管理，间接为企业创造价值。包括：

（1）财务信息支持。通过及时提供真实、完整、有用的财务信息，为管理决策和生产经营活动提供信息支持。

（2）财务分析支持。通过准确、深度的财务分析，剖析企业经营管理中存在的问题，指出经营管理改进方向，提出经营管理改进措施，从而帮助企业提高经营管理效率。

（3）运行监控支持。通过对企业经济运行实施过程监控，会同企业相关部门将存在问题解决在运行过程中，确保经济运行结果不过于偏离预算目标。

（4）绩效考核支持。通过对企业内部分支机构进行经营业绩考核评价，并将考核结果与责任人的薪酬挂钩，向分支机构施加合理的动力与压力，促使企业经营质量与经济效益不断提高。

（5）财权配置支持。根据企业内部管理模式的特点，对所属分支机构进行合理的财权配置，并建立良好的激励约束机制，促使分支机构充分发挥主观能动性，从而为企业创造更大的价值。

3. 保护企业价值

即通过财务管理活动保护企业既有的价值不受损害和丧失。包括：

（1）财务审核监督。通过对企业采购、生产、销售、研发和企业管理等业务活动的关键环节进行财务审核监督，确保企业利益不受损害。

（2）财务内控制度。通过建立完整有效的财务内控体系，夯实企业各项基础管理工作，保证企业管理活动整体受控。

（3）财务预警体系。通过财务预警体系及时发现风险征兆并提示管理层采取相应行动，将风险消灭在萌芽期间或使风险处于可控状态。

（4）审计检查。通过对企业生产经营各环节和内部各分支机构进行定期、不定期的审计检查，确保财务信息准确、真实、可靠，并及时揭示存在的问题，督促相关部门采取整改措施，保护企业价值不受损失。

通过以上分析可以看出，从职能上讲，企业财务管理确实是能够创造价值的，但能够创造价值与实际创造了价值是有本质区别的。

一个企业的财务管理能否发挥出价值创造作用，取决于其财务管理人员尤其是财务高管的观念意识与行动措施。只有在观念意识更新了、行动措施到位了的前提下，企业财务管理的价值创造作用才能得到充分发挥，财务管理的地位才能不断提高。

企业价值评估的标准与方法

你的企业价值多少？你的身价上亿了吗？能进富豪榜吗？要想知道自己身价究竟几何，不妨对企业价值进行评估。

如何对企业价值进行评估呢？首先要选择合适的评估标准，其次还要选择相应的评估方法。

1. 企业价值评估的标准

企业价值评估，关键是选择合适的资产评估价值标准。目前，一般常用的资产评估价值标准主要有以下几种。

（1）账面价值。

账面价值是指会计核算中账面记载的资产价值。例如，对于股票来说，资产负债表所揭示的企业某时点所拥有的资产总额减去负债总额即为公司股票的账面价值，再减去优先股价值，即为普通股价值。

（2）重置成本。

重置成本是以评估基准日为前提，以资产处于在用状态所耗费的成本作为资产估价的依据，其适用条件是资产处于在用状态。决定重置成本的两个基本因素是：重置完全成本及损耗。

（3）现行市价。

现行市价是以评估基准日市场上公开买卖的价格为价值评价的依据，其适用条件是完全公开的市场和正常的交易行为。决定现行市价的三个基本因素是：资产的生产成本、市场供求关系和资产质量因素。

（4）收益现值。

收益现值又称公允价值，是指将企业在未来持续经营情况下所产生的预期收益，按照设定的折现率（市场资金利率或平均收益率）折算成现值，并以此确定其价值。它把市场环境和企业未来的经营状况与企业价值联系起来，是目前评价企业价值最通用的方法。

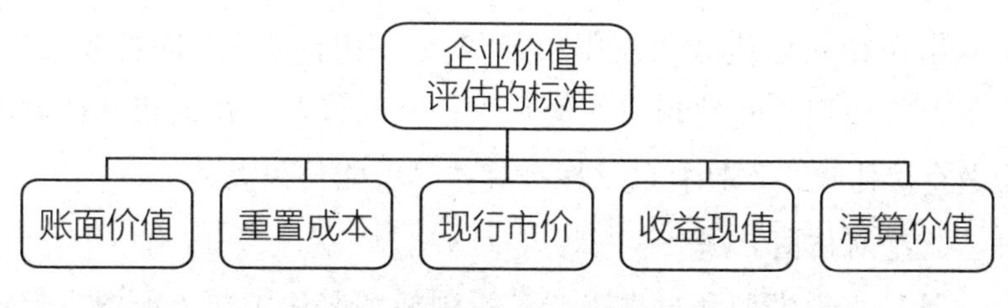

图 5–2　企业价值评估的标准

（5）清算价值。

清算价值是指企业出现财务危机破产或歇业清算时，把企业中的实物资产逐个分离而单独出售的资产价值，是在企业作为一个整体已经丧失增值能力的情况下的资产评估方法，是以假定资产在非正常市场上限期拍卖的价格作为资产估价的依据。

2. 企业价值评估的方法

进行企业价值评估的逻辑在于“价值决定价格”。上市公司估值方法通常分为两类：一类是相对估值方法；另一类是绝对估值方法。非上市公司估值方法可分为三类：市场法、收益法、资产法。

（1）上市公司估值方法。

①相对估值方法。

该方法简单易懂，是最为投资者广泛使用的估值方法。在该方法中，常用的指标有市盈率（P/E）、市净率（PB）、EV/EBITDA倍数等，其计算公式分别如下：

市盈率 = 每股价格 / 每股收益

市净率 = 每股价格 / 每股净资产

EV / EBITDA= 企业价值 / 息税、折旧、摊销前利润

其中，企业价值为公司股票总市值与有息债务价值之和减去现金及短期投资。

运用相对估值方法所得出的倍数，用于比较不同行业之间、行业内部公司之间的相对估值水平；不同行业公司的指标值并不能做直接比较，不具有可比性且其差异可能会很大。

②绝对估值方法。

股利折现模型和自由现金流折现模型采用了收入的资本化定价方法，通过预测公司未来的股利或未来的自由现金流，然后将其折现得到公司股票的内在价值。

与相对估值法相比，绝对估值法的优点在于能够较为精确地揭示公司股票的内在价值，但是如何正确地选择参数则比较困难。未来股利、现金流的预测偏差、贴现率的选择偏差，都有可能影响到估值的精确性。

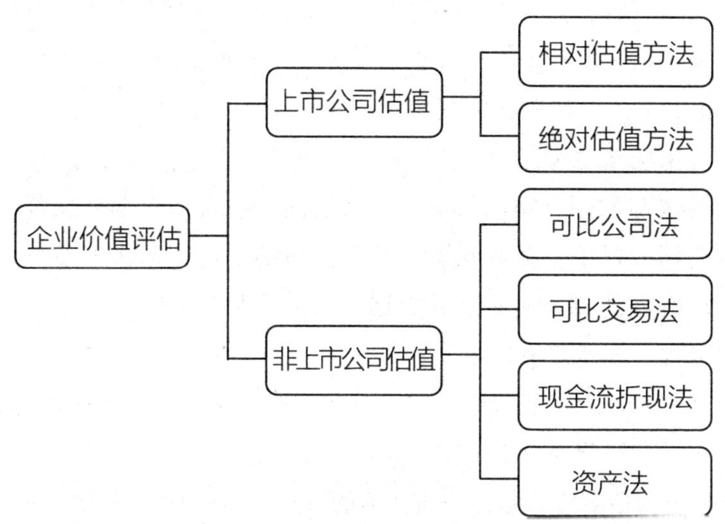

图 5–3 企业价值评估

（2）非上市公司估值方法。

①市场法之可比公司法。

首先要挑选与非上市公司同行业可比或可参照的上市公司，以同类公司的股价与财务数据为依据，计算出主要财务比率，然后用这些比率作为市场价格乘数来推断目标公司的价值，比如 P / E 法（市盈率，价格 / 利润）、P / S 法（价格 / 销售额）。

在国内的风险投资（VC）市场，P / E 法是比较常见的估值方法。通常我们所说的上市公司市盈率有两种：

历史市盈率（Trailing P/E），即当前市值/公司上一个财务年度的利润（或前 12 个月的利润）。

预测市盈率（Forward P/E），即当前市值/公司当前财务年度的利润（或未来 12 个月的利润）。

投资人是投资一个公司的未来，他们用P/E法估值就是：

公司价值=预测市盈率 × 公司未来 12 个月利润

对于有收入但是没有利润的公司，P/E就没有意义，比如很多初创公司很多年都不能实现正的预测利润，那么可以用P/S法来进行估值，大致方法跟P /E法一样。

②市场法之可比交易法。

挑选与初创公司同行业，在估值前一段合适时期被投资、并购的公司，以中小企业融资或并购交易的定价依据作为参考，从中获取有用的财务或非财务数据，求出一些相应的中小企业融资价格乘数，据此评估目标公司。

比如：A公司刚刚获得中小企业融资，B公司在业务领域跟A公司相同，经营规模上（比如收入）比A公司大一倍，那么投资人对B公司的估值应该是A公司估值的一倍左右。如分众传媒在分别并购框架传媒和聚众传媒的时候，一方面以分众的市场参数作为依据，另一方面，框架传媒的估值也可作为聚众传媒估值的依据。

可比交易法不对市场价值进行分析，而只是统计同类公司中小企业融资并购价格的平均溢价水平，再用这个溢价水平计算出目标公司的价值。

③收益法之现金流折现。

这是一种较为成熟的估值方法，通过预测公司未来自由现金流、资本成本，对公司未来自由现金流进行贴现，公司价值即为未来现金流的现值。以下将具体介绍。

④资产法。

资产法是假设一个谨慎的投资者不会支付超过与目标公司同样效用的资产的收购成本。如中海油竞购尤尼科，根据其石油储量对公司进行估值。

这个方法给出了最现实的数据，通常是以公司发展所支出的资金为基础。其不足之处在于，假定价值等同于使用的资金，投资者没有考虑与公司运营相关的所有无形价值。

总之，企业价值评估不是单纯地进行资产评估，它是对整个企业的财务报表、历史数据、市场前景、行业发展进行全面分析和判断，企业领导者要有一定的财务知识，配合有关部门做好价值评估。

用现金流量贴现法评估企业价值

现金流量贴现法，就是把企业未来特定期间内的预期现金流量还原为当前现值。

由于企业价值的根本还是它未来盈利的能力，只有当企业具备这种能力，它的价值才会被市场认同，因此，现金流量贴现法通常被用作企业价值评估的首选方法，在评估实践中也得到了大量的应用，并且已经日趋完善和成熟。

1. 现金流量贴现法的价值

现金流量贴现法是资本投资和资本预算的基本模型，也是企业估值定价在理论上最有成效的模型，因为企业的经济活动就表现为现金的流入和流出。由于有坚实的基础，当与其他方案一起使用时，现金流量贴现法所得出结果往往是检验其他模型结果合理与否的基本标准。

现金流量贴现法的原理比较简单，它是通过权衡为收购而投入的现金量这一投资所有未来能产生的净现金量和时间（扣除折旧、营运需要等）来计算的。这一计算可得出内部收益率，即现金流入量现值等于现金流出量现值时所得到的内涵折现率。

另外，未来现金流量也能折算成现值并与原始投资比较。这一计算得出的是净现值，即在现值条件下支出和预期金额之间的差。

不管是内部收益还是净现值，折现现金流量都要求估算出一个最终的价值额（利用不同的增长模型），年限一般是 7 ~ 10 年以上。

2. 现金流量贴现法的应用

现金流量贴现法是建立在完全市场基础之上的，其应用的前提条件是，企业的经营是有规律的，并且是可以预测的，包括：

（1）资本市场是有效率的，资产的价格反映资产的价值。企业能够按照资本市场的利率，筹集足够数量的资金，资本市场可以按照股东所承担的市场系统风险提供资金报酬。

（2）企业所面临的经营环境是稳定的，只要人们按照科学程序进行预测，得出的结论会接近企业的实际，即科学的预测模型可以有效防止经营环境的不确定因素，从而使预测变得更加科学。

（3）企业的经营是不可逆的，企业投资、融资决策具有不可更改性，一旦做出决策，便无法更改。同时企业满足持续经营假设，没有特殊情况，企业将无限期地经营下去。

（4）投资者的估计是无偏差的，投资者往往都是理性的投资者，可以利用一切可以得到的企业信息进行投资决策，对于同一企业，不同的投资者得出的结论往往是相同的。

假如A公司拟在 2001 年初收购目标企业B公司。经测算收购后有 6 年的自由现金流量，2000 年B公司的销售额为 140 万元，收购前 5 年的销售额每年增长 5%，第六年的销售额保持第五年的水平，销售利润率（含税）为 3%，固定资本增长率和营运资本增长率分别为 15% 和 5%，加权平均资本成本为 10%，求目标企业的价值。

依据上述资料，计算其结果见表 5-2：

表 5–2 现金流量贴现法评估企业价值

单位：万元

项目	2001 年	2002 年	2003 年	2004 年	2005 年	2006 年
销售额	147	154.35	162.07	170.17	178.68	178.68
销售利润	4.41	4.36	4.86	5.11	5.36	5.36
所得税	1.46	1.44	1.60	1.69	1.77	1.77
增加固定资本	1.05	1.10	1.16	1.22	1.28	0
增加营运资本	0.35	0.37	0.37	0.41	0.43	0
自由现金流量	1.55	1.63	1.73	1.79	1.88	3.59

$$\frac{1.55}{(1+10\%)^1}\ \frac{1.63}{(1+10\%)^2}\ \frac{1.73}{(1+10\%)^3}\ \frac{1.79}{(1+10\%)^4}\ \frac{1.88}{(1+10\%)^5}\ \frac{3.59}{(1+10\%)^6}$$

= 9.48（万元）

由此可见，如果A公司能够以 9.48 万元或更低价格购买B公司，那么这一并购活动从价格上讲将是合理的。

总之，贴现现金流量法以现金流量预测为基础，充分考虑了目标公司未来创造现金流量能力对其价值的影响，对企业并购决策具有现实指导意义。

3. 现金流量贴现法的优缺点

现金流量贴现法作为评估企业内在价值的科学方法，最符合价值理论，不仅能够很好地体现企业价值的本质，而且能通过各种假设，反映企业管理层的管理水平和经验。

尽管如此，现金流量贴现法仍存在一些不足：

首先，从折现率的角度看，这种方法不能反映企业灵活性所带来的收益，这个缺陷也决定了它不能适用于企业的战略领域；

其次，这种方法没有考虑企业项目之间的相互依赖性，也没有考虑到企业投资项目之间的时间依赖性；

最后，使用这种方法，结果的正确性完全取决于所使用的假设条件的正确性，在应用时切不可脱离实际。而且如果遇到企业未来现金流量很不稳定、企业亏损等情况，现金流量贴现法就无能为力了。

章节小记

企业老板对财务价值的认识，一是认识财务本身的价值，二是认识财务管理的价值。财务本身的价值，无外乎货币资金时间价值、风险价值、机会成本价值等；财务管理的价值，就有很多了。例如，财务管理本身就能提高工作效率，创造更多的价值，而且对精准评估、核算企业价值起着不可或缺的作用。

对财务价值的充分认识，是创造企业价值的基础和前提，是企业正确经营决策的重要参考，是企业老板在整体上把握企业、掌舵前行的核心要素，必须像追求企业利润那样引起足够重视。

|第六章|

F I N A N C E

财务预算：看菜吃饭更香，算财做事更稳

6

亚信科技（集团）1993年4月创立，是中国最大的独立软件企业，拥有13000余名技术人才，其中电信核心软件规模为亚洲第一。

亚信财务部门十分注重财务危机的预防。在亚信，所有的经理人在新的财政年度开始前的三四个月，就要对之前的工作进行反省，总结企业一年来在战略决策上的成功和失误，然后对企业未来一年的增长情况和经营环境进行例行的预测，然后做出下一年的财务预算。

由于资源的调配会根据财务预算及市场情况随机应变，亚信一直保持着稳定的现金流，强有力地支持着企业的运转。

不得不算的财务预算

财务预算，是指企业在计划期内反映有关现金收支、经营成果和财务状况的预算。它主要包括现金预算、预计损益表、预计资产负债表三种。

财务预算在企业经营运作中占据着核心地位，财务预算是否合理，是否能如实反映企业现状，是否能达到利益最大化，都关系着这个企业的存亡。

武汉钢铁集团公司成立于1955年，经过数十年发展壮大，一度成为生产规模近4000万吨的大型企业集团，居世界钢铁行业第四位。虽然2016年武汉钢铁集团公司与宝钢集团联合重组成中国宝武钢铁集团有限公司，但它的经营管理还是有很多值得我们学习的地方。

1987年初，武钢集团培养了一支具有较高业务素质、心理素质的专业队伍，经过十多年的努力建设了全面预算管理体系，并对与实施全面预算管理不相适应的组织机构进行改革，调整企业对内部各部门的管理方式，重新划分权利和责任，建立了新的考核指标体系，结合企业的战略目标，将全面预算管理推广为企业内部控制的重要方式。

全面预算管理由预算编制、预算执行、预算分析和考核等环节构成，对管理的各个层面、环节及总体目标进行系列、统一的规划和控制。以降低成本增效为中心，以实现公司利润为目标，依靠科技进步和管理创新与优化产品结构、优化工艺、优化资源配置和资金运作相结合，力创新的经济增长点。

这一全面预算管理制度的实施给武钢集团带来了巨大的进步，不仅提高了技术经济指标水平，而且极大地促进了成本费用的降低，促进了财务治理结构的建立和优化。

尽管全面预算管理带给企业扩大财务治理范围、优化财权配置、提高财务治理效率等诸多好处，但是，这种管理方法在我国的实施情况仍然不到位却是不争的事实。

新闻媒体在一次对武钢集团的财务负责人采访时问道："您认为在公司的全面预算管理工作中感到不足的是什么？最难做的工作是什么？"该负责人回答说："不足的是预算落不到实处，最难做的就是由财务部门来执行预算。"

这说明很多企业在实行全面预算管理过程中普遍存在的两个突出问题：一是协调难，二是执行难。下面的例子更能说明这种情况。

国内某知名大型高新技术企业，在其急剧发展期，吸引了大量的高学历人才加盟公司，使公司在充满活力的同时也呈现出一定程度的混乱。尤其是工作失误和浪费现象陡然增加，费用开支失去控制。

对此，财务主管忧心忡忡，于是向总裁报告了公司近期的开支状况，诉说自己的忧虑，并提出要用制度和预算来对各项费用的开支实施控制的建议。总裁接受了她的建议，并授权财务部门负责公司财务制度的修订和执行，以及财务预算的编制和执行。于是，在财务主管的领导下，财务部门很快就出台了一系列制度，并下达了各部门的费用预算，然后开始执行。

没想到这一制度的实施惹得各部门怨声载道，投诉告状纷至沓来。许多矛头都指向财务部门，工程拖延、工作延误、实验失败、生产停工待料等，各部门都将问题归咎于财务部门。总裁因此把财务主管训斥了一通。财务主管感到委屈，不明白自己究竟出了什么错。

这家高新技术企业在实施全面预算管理之后发生的种种状况，是预算管理过程当中“协调难、执行难”问题的突出反映，很有代表性。

的确，当前市场经济中，财务预算管理还没有得到广泛的推广，即使已经开展预算管理的企业，在预算的编制和执行过程中也存在着诸多的问题。

有不少企业的经营者对于财务预算管理心存疑虑，认为预算管理并不是一种有效的管理办法。正如有些民营企业老板所说，这么多年来没搞预算管理，照样挣钱，那些搞预算管理的企业也有不少倒闭亏损的。

也有一些学者把国外所谓最新的管理理论引进，证明预算管理不仅是过时的，而且是无用的。其实绝非如此。

财务预算，对企业来说是不得不算的账，不得不做的工作：

一方面，财务预算管理能够使相关人员各司其职，提高效率。财务预算管理明确规定了企业有关生产经营人员的责任以及目标，使得相关人员心中有数，并且激励机制能够有效地调动企业生产经营人员的积极性，降低企业的费用水平，提高企业的运营效率。

另一方面，帮助企业管理者制定决策。企业财务预算管理将企业的现有资源和企业的未来发展目标有效地结合起来，在预算管理体系中，各种指标被重新分类整理，并且通过向拥有决策权的管理人员传递这些信息，从而有效地帮助企业管理者制定决策。

你不知道的财务预算体系

财务预算体系主要包括：销售预算、生产预算、直接材料预算、直接人工预算、制造费用预算、产品成本预算、销售费用和管理费用预算、现金预算等内容。

1. 销售预算

销售预算是整个预算的编制起点，其他预算的编制都以销售预算为基础。销售预算的主要内容是销量、单价和销售收入。销量是根据市场预测或销货合同并结合企业生产能力确定的。单价是通过价格决策确定的。销售收入是两者的乘积，在销售预算中计算得出。

2. 生产预算

生产预算是在销售预算的基础上编制的，其主要内容是销售量、期初和期末存货、生产量。

通常，企业的生产和销售不能做到“同步同量”，需要设置一定的存货，以保证能在发生意外需求时按时供货，并可均衡生产，节省赶工的额外支出。存货数量通常按下期销售量的一定百分比确定，本例按10%安排期末存货。年初存货是编制预算时预计的，年末存货根据长期销售趋势来确定。

生产预算的“预计销售量”来自销售预算，其他数据通过计算得出：

预计期末存货=下季度销售量×10%

预计期初存货=上季度期末存货

预计生产量=（预计销售量+预计期末存货）-预计期初存货

3. 直接材料预算

直接材料预算，是以生产预算为基础编制的，同时要考虑原材料存货水平。其主要内容有直接材料的单位产品用量、生产需用量、期初和期末存量等。

“预计生产量”的数据来自生产预算，“单位产品材料用量”的数据来自标准成本资料或消耗定额资料，“生产需用量”是上述两项的乘积。

年初和年末的材料存货量，是根据当前情况和长期销售预测估计的。各季度“期末材料存量”根据下季度生产量的一定百分比确定，各季度“期初材料存量”是上季度的期末存货。

预计各季度“采购量”要据下式计算确定：

预计采购量=（生产需用量+期末存量）–期初存量

4. 直接人工预算

直接人工预算也是以生产预算为基础编制的。其主要内容有预计产量、单位产品工时、人工总工时、每小时人工成本和人工总成本。

“预计产量”数据来自生产预算。单位产品人工工时和每小时人工成本数据，来自标准成本资料。人工总工时和人工总成本是在直接人工预算中计算出来的。由于人工工资都需要使用现金支付，所以，不需另外预计现金支出，可直接参加现金预算的汇总。

5. 制造费用预算

制造费用预算通常分为变动制造费用和固定制造费用两部分。变动制造费用以生产预算为基础来编制。

如果有完善的标准成本资料，用单位产品的标准成本与产量相乘，即可得到相应的预算金额。如果没有标准成本资料，就需要逐项预计计划产量需要的各项制造费用。固定制造费用，需要逐项进行预计，通常与本期产量无关，按每季度实际需要的支付额预计，然后求出全年数。

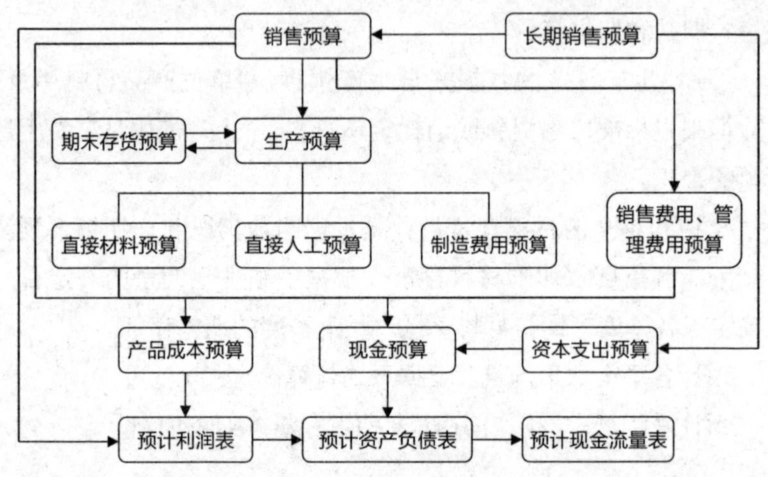

图 6–1 全面预算体系图

6. 产品成本预算

产品成本预算，是生产预算、直接材料预算、直接人工预算、制造费用预算的汇总。其主要内容是产品的单位成本和总成本。

单位产品成本的有关数据，来自前述三个预算。生产量、期末存货量来自生产预算，销售量来自销售预算。生产成本、存货成本和销货成本等数据，根据单位成本和有关数据计算得出。

7. 销售及管理费用预算

销售费用预算，是指为了实现销售预算所需支付的费用预算。它以销售预算为基础，分析销售收入、销售利润和销售费用的关系，力求实现销售费用的最有效使用。在安排销售费用时，要利用本量利分析方法，费用的支出应能获取更多的收益。

管理费用是搞好一般管理业务所必要的费用。随着企业规模的扩大，一般管理职能日益重要，其费用也相应增加。在编制管理费用预算时，要分析企业的业务成绩和一般经济状况，务必做到费用合理化。

8. 现金预算

现金预算由四部分组成：现金收入、现金支出、现金多余或不足、现金的筹措和运用。

“现金收入”包括期初现金余额和预算期现金收入，销货取得的现金收入是其主要来源。期初的“现金余额”是在编制预算时预计的，“销货现金收入”的数据来自销售预算，“或供使用现金”是期初余额与本期现金收入之和。

“现金支出”包括预算期和各项现金支出。直接材料、直接人工、制造费用、销售及管理费用的数据分别来自前述有关预算。此外，还包括所得税费用、购置设备、股利分配等现金支出，有关的数据分别来自另行编制的专门预算。

“现金多余或不足”列示现金收入合计与现金支出合计的差额。差额为正，说明收大于支，现金有多余，可用于偿还过去向银行取得的借款，或者用于短期投资。差额为负，说明支大于收，现金不足，要向银行取得新的借款。

“现金的筹措和运用”是指通过对企业的现金收入、支出情况的预计推算出企业预算期的现金结余情况。如果现金不足，则提前安排筹资，避免企业在需要资金时“饥不择食”；如果现金多余，则可以采取归还贷款或对有价证券进行投资，以增加收益。

财务预算讲方法

财务预算是企业全面预算的一部分，它和其他预算是联系在一起的，整个全面预算是一个数字相互衔接的整体。

企业财务预算可以根据不同的预算项目，分别采用固定预算、弹性预算、增量预算、零基预算、定期预算和滚动预算等方法进行编制。

1. 固定预算

固定预算，又称静态预算，是把企业预算期的业务量固定在某一预计水平上，以此为基础来确定其他项目预计数的预算方法。

固定预算的缺点：一是过于呆板，因为编制预算的业务量基础是事先假定的某个业务量，所以在这种方法下，不论预算期内业务量水平实际可能发生怎样的变动，都只能以事先确定的某一个业务量水平为编制预算的基础；二是可比性差，当实际的业务量与编制预算所依据的业务量发生较大差异时，有关预算指标的实际数与预算数就会因业务量基础不同而失去可比性。

例如，编制财务预算时，预计业务量为生产能力的90%，其成本预算总额为40 000元，而实际业务量为生产能力的100%，其成本实际总额为55 000元，实际成本与预算相比，则超支很大，但是，实际成本脱离预算成本的差异包括了因业务量增长而增加的成本差异，而业务量差异对成本分析来说是无意义的。

2. 弹性预算

弹性预算是在按照成本（费用）习性分类的基础上，根据量、本、利之间的依存关系，考虑到计划期间业务量可能发生的变动，编制出一套适应多种业务量的费用预算，以便分别反映在各种业务量的情况下所应支出的费用水平。

弹性预算的优点：一是预算范围宽；二是可比性强。弹性预算一般适用于与预算执行单位业务量有关的成本（费用）、利润等预算项目。

弹性预算的编制程序为：

（1）确定某一相关范围，定在正常生产能力的70%~110%之间；

（2）选择业务量的计量单位；

（3）按照成本性态分析的方法，将企业的成本分为固定成本和变动成本两大类，并确定成本函数，即：y ＝ a ＋ bx（a为固定成本，b为单位变动成本，y为成本总额；x为业务量，如产销量、直接人工工时等）；

（4）确定预算期内各业务量水平的预算额。

例如，根据下表，某公司制造费用弹性预算为：

y ＝ a ＋ bx

y ＝ 2120 ＋ 2.4x

表 6–1 某公司制造费用弹性预算

2016 年度　　单位：元

业务量范围（机器工时）	300~500h	
项目	固定成本（a）	单位变动成本（b）
电力	200	0.8
间接材料		0.1
修理费	120	0.7
油料		0.8
折旧费	1 200	
管理人员工资	600	
合计	2 120	2.4

3. 增量预算

增量预算是指以基期成本费用水平为基础，结合预算业务量水平及有关降低成本的措施，通过调整原有费用项目而编制预算的方法。

增量预算方法比较简单，但它是以过去的水平为基础的，实际上就是承认过去是合理的，无需改进。因为不加分析地保留或接受原有的成本项目，可能使原来不合理的费用继续开支，而得不到控制，造成预算上的浪费。

4. 零基预算

零基预算，或称零底预算，是指在编制预算时，对于所有的预算支出均以零点为基础，不考虑其以往情况如何，从实际需要与可能出发，研究分析各项预算费用开支是否必要与合理，进行综合平衡，从而确定预算费用。

零基预算是区别于传统的增量预算的一种预算方法，它在编制预算时，对所有的预算支出均以零为基底，从实际需要与可能出发，逐项审议各种费用开支的必要性、合理性，以及开支数额的大小，从而确定预算成本。

5. 定期预算

定期预算是指在编制预算时，以不变的会计期间作为预算期的一种编制预算的方法。这种方法的优点是便于将实际数与预算数进行对比，也有利于对预算执行情况进行分析和评价。

其缺点在于：第一，盲目性。因为定期预算多在其执行年度开始前两三个月进行，难以预测预算期后期情况，特别是在多变的市场下，许多数据资料只能估计，具有盲目性。第二，不变性。预算执行中，许多不测因素会妨碍预算的指导功能，甚至使之失去作用，而预算在实施过程中又往往不能进行调整。第三，间断性。预算的连续性差，定期预算只考虑一个会计年度的经营活动，即使年中修订的预算也只是针对剩余的预算期，对下一个会计年度很少考虑，形成人为的预算间断。

6. 滚动预算

滚动预算，又称连续预算，是指在编制预算时，将预算期与会计期间脱离开，随着预算的执行不断地补充预算，逐期向后滚动，使预算期始终保持为 12 个月的一种预算方法。

其特点在于将预算期与会计年度挂钩，始终保持 12 个月，每过去 1 个月，就根据新的情况调整和修订后几个月的预算，并在原预算基础上增补下 1 个月预算，从而逐期向后滚动，连续不断地以预算形式规划未来经营活动。

滚动预算能克服传统定期预算的盲目性、不变性和间断性，从这个意义上说，编制预算已不再仅仅是每年末才开展的工作了，而是与日常管理密切结合的一项措施。

预算管理是现代企业经营过程中的必要管理手段，完善的预算管理制度能够使企业在开展各项工作中更具计划性，提高企业管理水平，保证经营决策的顺利实施，最终实现企业收益最大化。

轻松编制财务预算

财务预算编制，是企业根据自身经营目标，科学合理地规划、预计及测算未来经营成果、现金流量增减变动和财务状况，并以财务会计报告的形式将有关数据系统地加以反映的工作流程。

1. 财务预算编制的原则

（1）以销定产的原则。

财务预算编制一般是建立在经济预测主要是销售预测基础上的。销售预算是整个预算编制的基础。销售预算确立了，就可以按“以销定产”的原则确定生产预算和相关的成本费用预算，并汇总编制综合预算。

（2）灵活性原则。

为保证预算控制有效，财务预算编制保持适度的灵活性是需要的。财务预算编制期一般与会计期间保持一致，通常为一年。为方便控制，对有些预算如销售预算、成本费用预算要求按季分列，为保持预算的连续性，可以采取按季滚动的编制办法。

2. 中小企业财务预算编制流程分析

通常，中小企业财务管理工作总体上比较薄弱，管理方法较粗糙，因缺乏有效的预算管理机制，导致企业财务管理失控，进而引发企业财务危机的现象比较普遍。因此，对中小企业财务预算编制理论、方法及现存问题的研究分析，对大多数企业老板来说都显得十分必要。

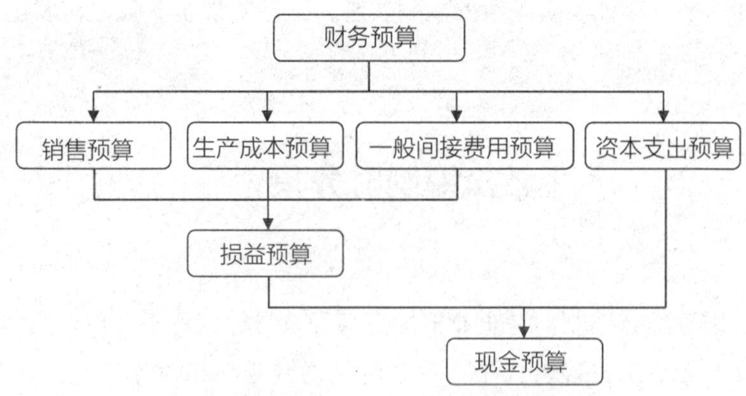

图 6–2　中小企业财务预算编制流程

中小企业财务预算编制往往以经济性和可操作性为出发点，相对于大型企业的财务预算更简单。但其编制原理与步骤是基本相同的。如图 6–2 所示。

3. 中小企业财务预算编制中存在的问题

（1）观念的落后与认识误区。

很多中小企业在财务预算编制认识上存在许多误区，认为财务预算编制是财务一个部门的事情，财务预算就是财务收支计划的翻版。一些企业编制预算只是为了应付上级主管部门的要求，或者获得有关单位对本企业管理水平的认同，因此表面上有预算，而实际上预算无法得到有效实施和落实。

还有一些小企业虽然认识到财务预算的有效作用，但实际工作中却并没有把预算作为实现企业发展战略的工具，而是作为调节管理者意向的手段。企业内部不同层次的管理者为了争取到对部门有利的预算指标，不遗余力地讨价还价。

还有一些管理者并不关心预算编制内容、编制过程和方法的合理性，而是以预算结果的满意度作为是否批准该预算的基础，使预算缺少科学性，对预算实施也缺少有效的分析、控制和考核。观念的落后和领导的不重视使得中小企业难以进行科学合理的财务预算编制。

（2）预算目标与公司战略目标的背离。

实际工作中，中小企业存在的问题，一是对企业一定时期的战略目标缺乏明确的认识；二是注重总目标的制定，但对总目标缺乏细致的分解，以至于基层单位无具体标准可循；三是预算目标的时间分解有问题，偏重于长期预算而不注重短期预算。

一般企业都会在一个年度末制定下个年度的预算，即年度预算。但是对年度预算的完成却没有一个分阶段实施的具体方案，以至于日常工作无章可循，结果导致长期预算不能顺利实现，也不能及时纠正实际工作中出现的偏差。

（3）财务预算“纸上谈兵”。

尽管各种预算最终可以表现为财务预算，但预算的基础是各部门的管理，这些内容并非财务部门所能确定。财务部门在预算编制中的作用主要是从财务角度为各部门、各业务预算单位提供关于预算编制的原则和方法，并对各种预算进行汇总和分析。

而目前大部分中小企业的现实情况却是：

一方面，企业年度财务预算的制定似乎只是高层管理者的事情，与广大员工无关。财务预算被视为一种纯财务行为，由财务部门关起门来做预算，企业各部门之间缺乏密切的协同配合，尤其是缺乏各经营部门的业务预算支持，导致财务预算指标“纸上谈兵”。

另一方面，预算编制部门与执行部门沟通不畅，导致信息出现断层。编制部门对公司的战略规划及政策相对了解，但预算编制部门将信息传达给执行部门时，对其协调能力及沟通能力提出了很高的要求。有些中小企业预算编制部门的协调能力与沟通能力不强，直接导致执行部门贯彻预算目标出现偏差，从而制约了预算目标的完成。

针对以上财务预算编制过程中产生的问题，中小企业可以从以下几个方面来改进与提高。

（1）提升观念，认识预算工作的重要性。中小企业必须加强认识，在工作中明确财务预算的重要地位。

（2）明确预算目标，加强预算编制工作的科学性和有效性。预算目标必须以公司战略目标为出发点，始终与公司整体战略及财务战略紧密结合。

（3）加强沟通，全员参与预算。企业在预算编制过程中应搞好预算的责任落实，把预算目标层层分解，使责任单位目标明确。

总之，财务预算编制是企业的头等大事，不管是年度预算还是月度预算，甚至是星期预算都马虎不得，否则，企业不可能快速发展。所以，我们必须认真对待预算的每一个环节，因为任何环节的任何疏漏都会导致管理上的失误。

预算管理是成本管理的基础

全面预算管理，是利用预算对企业内部各部门、各单位的各种财务及非财务资源进行分配、考核、控制，以便有效地组织和协调企业的生产经营活动，完成既定的经营目标。

全面预算管理是现代企业管理中的重要组成部分，对企业的发展起着举足轻重的作用。

1. 全面预算是成本管控的基础

绝对的成本降低是通过建立控制环境实现的，而控制环境的建立主要依靠被全面预算具体化和量化的战略计划的实施。通过全面预算将企业的战略计划细分，具体到生产经营的各个环节，各个部门。加强企业的内控，建立完善的控制体系，形成良好的控制环境。

另一方面，全面预算的“全员”特征，要求企业培养企业员工的全面预算意识，鼓励员工积极参与企业预算。因为员工是企业战略计划的实施者、执行人，所以让员工积极参与预算不仅有利于避免员工对预算的抵触情绪，而且能使之更好地发挥预算的控制作用。

2. 全面预算是确定成本指标的依据

企业成本既包括产品生产阶段的成本，也包括企业整个生产经营过程的全部成本、费用支出。企业要加强成本管理，既要突出重点，搞好产品生产成本控制，又要照顾全面，做好企业生产经营各个阶段的成本控制工作。

因此，在现代制造业的成本管控管理中，企业要实施全面预算确定企业的生产经营总成本，确立标准成本体系，做好事前计划、事中控制、事后反馈三者的统一。

3. 全面预算是划分部门职责的工具

以现代制造业为例，实施成本控制，一定要处理好企业与下属各生产单位在成本管理中的关系及各部门之间的关系，在企业的统一安排下，明确各生产单位的成本管理内容，把企业与各生产单位的成本控制结合起来。

通过全面预算，将成本指标从厂部到车间、车间到班组，按生产系统把指标层层分解和落实，实行分级管理和控制。厂部、车间、班组各自负责本身的控制指标。

4. 协调业务部门同财务部门之间的关系

全面预算包括业务预算和财务预算，业务预算由销售预算、生产预算、采购预算组成；财务预算包括现金预算和费用预算。

通过全面预算的实施可以处理好财务部门和其他业务部门在成本管理中的关系，明确各部门成本管理的内容，在主管财务的厂长、经理或总会计领导下，以财务部门为主，把财务部门同其他部门的成本控制结合起来，形成一个贯穿整个企业上下，连接左右各方的成本控制系统。

5. 全面预算使产品生产成本控制具体化

现代制造业的产品生产成本主要包括直接材料成本、直接人工成本、制造费用成本。

（1）直接材料成本。

直接材料是产品生产成本的主要部分，一般占到70%左右，因此，是生产成本控制的重点。直接材料控制首先要区别产品生产用的材料种类，然后再确定它们在单位产品中的标准用量和标准价格。

（2）直接人工成本。

直接人工成本，简单地说，就是生产成本中工人的工资。这部分成本的控制也分为“量”和“价”两个方面。用量是指人工工时，称为人工效率，价格是指小时工资率。全面预算能优化人力资源配置，制定直接人工成本标准，做到控制直接人工成本。

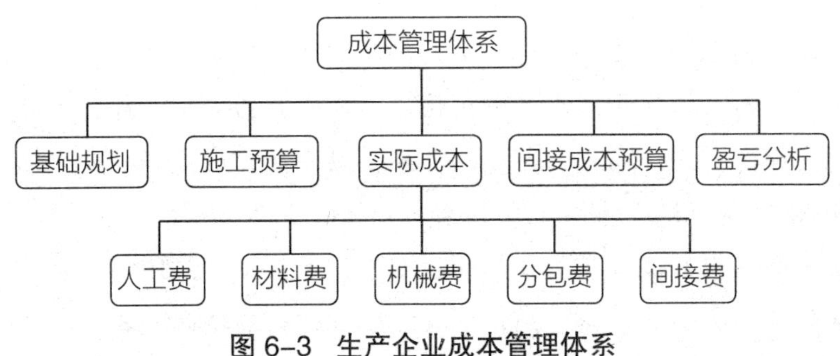

图 6–3 生产企业成本管理体系

（3）制造费用。

制造费用的标准成本是按部门分别编制的，各部门制造费用的标准成本，也是分别确定其数量标准和价格标准。数量标准通常采用单位产品的直接工时（或机器工时等其他用量标准）。价格标准是指制造费用的分摊率标准。制造费用分摊率标准 = 制造费用预算 / 生产量。标准制造费用预算是指在尽可能地节约开支和合理支配下，各费用项目的最低支付金额。

明确了企业产品生产成本的组成以后，据此制定出准确的产品生产成本预算，并在生产经营活动中严格按照预算指标进行成本控制。

6. 全面预算控制期间费用成本

企业对某一时期可能发生的这类费用，事先做出预算，日后按预算控制支出。

预算编制后，控制的执行要依赖各项开支的审核批准。审核批准的依据是预算额，审核批准的权限划归各责任部门，负责审核批准的部门应随时注意预算限额，不能超出。如有超出预算的开支，必须事先报上级部门单独审核批准。

7. 全面预算控制产品质量成本

它包括两方面的内容：一是预防和检验成本，二是损失性成本。前者与产品质量水平成正比，预防和检验成本增加，也就是相应加强了产品质量的控制，产品质量就会相应提高，这时损失性成本也就相应降低。

而损失性成本则与产品质量水平成反比，产品质量下降，废次品及不合格品比率升高，损失性成本就必然增高，相反，若产品质量上升，损失性成本就会大大降低，因此，要想使一个企业的质量成本最低，就必须使两者之和达到最小。

8. 检查和评估离不开全面预算

检查和评估就是为了保证成本管控的有效性而进行的日常和定期监督、检查。全面预算的核心内容就是实施责任预算管理，体现在成本控制即是本着“谁使用谁受益谁负责”的原则，通过预算的分解，划分各责任中心，体现权责统一。

总之，全面预算是企业成本管控的基础，而成本控制措施的实施必须依靠全面预算来落实。

章节小记

全面预算是根据企业目标所编制的经营、资本、财务等年度收支总体计划，包括销售预算、资本支出预算与财务预算三大类内容。销售预算是整个预算管理体系的前提，财务预算的综合性最强，是预算的核心内容。

企业只有对预算管理有了全面而深刻的认识，才能有效实施全面预算管理，最终使其成为实施企业战略与提高经营绩效的工具，从而保证企业战略的进一步落实，降低企业经营风险，提高企业管理效率与经营效益，实现企业价值最大化。

第七章

FINANCE

财务资金：看重企业的每一滴“血液”

7

乐视网自2010年上市以来，通过定向增发、发行债券、银行借款等方式，融资过百亿。但同期，乐视在视频、电视、手机、云计算、汽车、金融等领域均大笔投入，关于乐视“缺钱”的质疑声始终未曾消散。同时，巨额的投入并没有为乐视网形成“造血”机能，乐视旗下的生态业务乐视云、电视、内容板块仍处于亏损之中。

有业内人士分析称，将摊子铺得太大且开销巨大，让乐视的不少业务都暴露出风险。在根基未稳的情况下，过早、过多谈及生态，反复、执迷于讲故事，乐视今天的困局值得反思。

资金管理是经营管理的核心

资金，是企业从事各项经济活动的基本要素，也是企业发展的必备要素。企业的资金状况不仅反映了企业的资源配置、数量和质量，同时也反映了企业的资本构成和产权关系。企业的生产经营、筹资投资和利润分配都是以资金为纽带，从起点到终点，贯穿于企业经营活动的全过程。

资金流量指标，是企业信誉评价、发展潜力、价值评估的重要指标。在有些地方，银行已经开始把企业现金流量情况作为是否给企业提供贷款的重要依据，有的甚至把企业未来的现金流量作为还款的担保。

因此，加强资金管理，提高资金运营效益，是企业在竞争中立于不败之地和保持可持续发展的重要保证。

甲公司是一家贸易型公司，贸易量非常大，不仅资金流入规模很大，而且流速也很快。原先该企业采用的是最原始的支票支付方式，但是由于企业自身贸易量大的特点，每月对外支付达到上万笔，采用支票支付势必耗用大量的人力物力，而且手工操作难免会导致失误的发生，也不利于集团总部对于资金的管理。

可见，改善支付方式对甲公司而言已经势在必行。这时，甲公司就可以选择银行的网上支付系统，目前很多银行都开通了这项功能。采用网上支付系统之后，企业只需首次录入客户信息即可，下一次进行网上支付的时候可以直接调出已经录入的客户信息，这样就大大提高了操作效率、减少了错误的发生。由于网上每个操作员都有自己的登录号和各自的权限，这样一旦发生错误，责任比较容易划分。另外，网上电子银行还能帮助企业进行自动对账，是一个比较高效、自动化、便捷的操作平台。

由于甲公司是个贸易类公司，那么在实际管理过程中还会涉及外汇风险的规避、资金融通等一系列问题。这就需要管理者根据实际情况来选择相应的、合适的金融工具，从而有效管理资金，提高资金的运转效率。

甲公司的例子说明，合理的资金管理，能节约成本、提高资金的运转效率。那么，如何加强企业资金管理呢?

1. 核定资金的合理需要量

企业应以需要与节约兼顾为基本原则，采用先进合理的计算方法，确定资金的合理需要量。资金合理需要量，可以通过现金预算的编制来实现。现金预算的内容，包括现金收入、现金支出、现金多余或不足的计算以及不足部分的筹措方案和多余部分的利用方案等。

2. 确定筹资方案

资金需要量确定后，就要确定如何来筹集所需资金。一般，资金的筹集可通过两个途径解决：一方面，从企业内部解决，企业销售时尽量采用现金销售或采用订单先收款后发货方式，尽量缩短应收款账期、及时催收账款；按定货量组织生产，合理配置原材料、辅料、生产工人；尽快处理积压物资，及时处理闲置、过时、未使用的固定资产；节约成本就是增加收益。另一方面，从企业外部筹集资金。

3. 建立资金投入效益的保证机制

决策失误是资金低效甚至无效的重要原因。企业财务部门要改变仅限于对企业内部价值信息进行综合处理的做法，多方收集企业外部的有用信息，主动研究市场，自觉参与企业投资项目的测算、论证；考虑货币时间价值和风险价值，准确比较项目的投资回报率和筹资成本率，把好项目的财务预算关；在充分考虑企业偿债能力的前提下，设法筹足项目建设资金，防止急功近利。加大财务监督的力度，跟踪考核项目的资金使用效果，建立项目决策负责制，杜绝集体决策、集体负责、最终谁也不负责的现象。

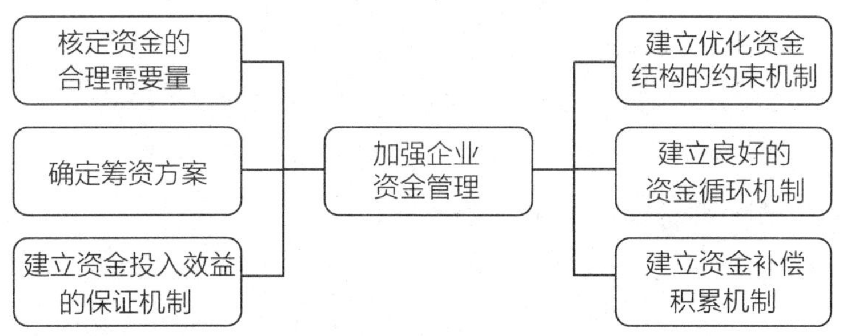

图 7-1 企业资金管理

4. 建立优化资金结构的约束机制

财务部门必须运用财务测算方法确定最佳购存点上的资金结构，加大财务部门对资金运筹的调控力度，按风险类别划分客户，正确估计和把握客户的信用品质，建立客户信用风险财务分析制度，监督销售责任制的实施，杜绝为销售而销售，甚至为了某种目的不惜“劳民伤财”。财务部门要经常“会诊”资金运转偏差，适时进行战略性的资金结构调整。

5. 建立良好的资金循环机制

为了保证资金“满负荷”高速运转，财务部门要对企业的资金实施统一管理、集中调度、有偿使用；要进一步完善现有内部银行等资金统管形式，内部使用资金模拟银行结算，拓展资金成本的核算内容；必须规范企业的融资行为，克服重商品信用轻资金信用的现象，务求保持良好的融资信誉，形成借—还—借的良性态势。

6. 建立资金补偿积累机制

财务部门要监控企业资金的分流，防止过多分流到非生产投资等方面；要合理制定企业税后利润分配政策，尽可能用于企业扩大再生产，促进企业自我滚动发展；要认真实施资本金保全制度，监督管理好资本金。

总之，资金是企业最重要的资源之一，企业领导者不仅要保证它的安全性、可用性、效率性，更要懂得如何对资金进行合理配置，最大可能地发挥资金的作用。

资金链断裂的原因及对策

资金链是指维系企业正常生产经营运转所需要的基本循环资金链条。现金—资产—现金（增值）的循环，是企业经营的过程，企业要维持运转，就必须保持这个循环良性的不断运转。

如果资金流量不足、流通不畅、资金断链，企业就会出现财务危机，正常的生产经营秩序就会被破坏，企业就会面临停产甚至倒闭清算的危险。

有一家叫星晨急便的快递公司，其创始人是宅急送公司的原总裁陈平。按理说，这家公司应该不会比宅急送经营得差，但这家公司后来倒闭了。为什么呢？

2012年3月4日，有自称星晨急便员工的人士在网上爆料：公司创始人、CEO陈平“跑路”。而3月7日，陈平接受采访时说，网上的信息有一点言过其实。但有一点可以肯定，就是这家新的快递公司确实遇到了资金困难，而根据目前的信息，应当是公司扩展速度过快，原先估计不足，导致融资来的1亿多元人民币已经全部花光，资金链断裂。

其实，星晨急便并没有到没有客户、赚不到钱的地步，但就是因为账上的钱烧光了，资金链断裂了，不得不面临可能破产的尴尬。

因资金断链导致企业破产关门的例子，数不胜数。五谷道场方便面曾被业内喻为一匹黑马，用短短的6年时间便做到了全国第六的市场位置。然而，仅仅过了短短的2年时间，其销售便一落千丈，如今市场上已经很难寻觅到五谷道场的身影。

曾有业内人士分析表示，扩张过快，以及过分乐观估计非油炸方便面的前景而大把撒钱，是导致五谷道场的生产商——中旺集团资金链数次紧张的主要原因。2009年2月26日，中粮集团正式接管北京五谷道场食品技术开发有限公司。

这两个例子都告诉我们，扩张过快，资金链跟不上，很容易导致企业走向破产。

任何一家企业在初创阶段都不容易，因为第一桶金往往不是那么容易拿到的。在这个阶段，企业领导者们都很谨慎，花每一分钱都要仔细斟酌。虽然在这期间企业不一定有周密的财务计划，但一般说来基本上可以做到量入为出。

一旦企业初具规模，企业家本人的自信心就会膨胀。我们发现，很多企业都会面临一个快速成长的阶段，一般来说，在这个阶段能坚持下去，企业就会登上一个新的台阶。然而，很多企业的“猝死”，往往就发生在这个时期。

其实，导致企业快速扩张、“猝死”的原因很多，有市场的原因，有大环境的原因，有管理的原因，其中最主要的原因还是资金链断裂。

那么，企业领导者该如何防止资金链断裂的发生呢？

1. 拓宽融资渠道，提高财务管理水平

目前，不少企业资金链断裂的原因是民间资金借贷成本过高，企业财务负担过重。此外，在企业面临资金危机时，银行等金融机构抽贷现象比较严重，这进一步加重了该类企业的财务负担，甚至直接导致企业资金链断裂。

导致此种结果的主要原因在于，企业融资渠道过窄，过度依赖债务融资，导致企业的财务杠杆过高，经营风险过大，给资金链断裂埋下了隐患。

目前，我国资本市场及相关法律政策正在不断完善，主板、中小板、创业板及新三板等市场的相继放开，以及各种优惠政策的出台，为企业解决融资难问题带来了福音，或多或少地缓解了企业融资难、融资贵的问题。

因此，企业应该积极地通过资本市场或引入新投资者进行权益融资，改善企业的治理结构及资本结构，减少财务负担。

此外，企业应该积极提高财务管理水平，提高企业的存货管理效率，督促相关人员对应收账款的催收，加速企业资金的回笼。

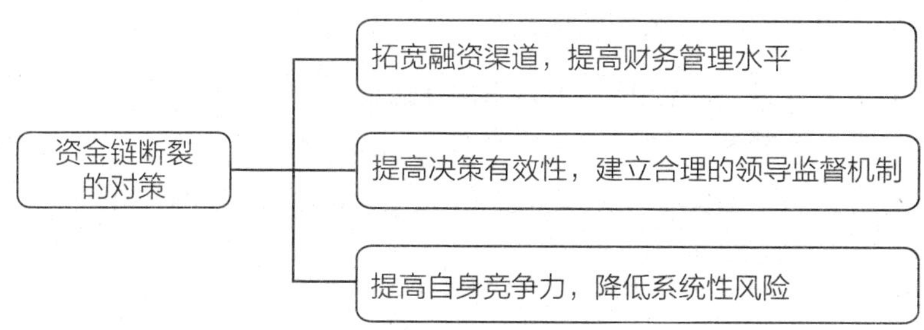

图 7–2　资金链断裂的对策

2. 提高决策的有效性，建立合理的领导监督机制

非理性的多元化扩张导致决策失误，是企业资金链断裂的一个重要原因，因此科学合理地进行项目投资是降低资金链断裂风险的重要途径之一。

首先，在进行投资决策的前期，对所要投资的项目有个仔细的了解，进行全面的可行性研究，了解该项目中的风险点，准确估计投资该项目对企业经营及资金链的影响。

其次，灵活运用投资组合，结合企业对于风险的承受能力以及不同投资的回报率，通过更加灵活多变的投资组合模式，来进一步分散、降低投资风险，以免企业出现资金链断裂的风险。

最后，引入独立董事机制，加强对企业领导决策行为的监督，降低管理者进行非理性决策的可能性，进而提高决策的有效性和有用性。

3. 提高自身竞争力，抵御系统性风险

对企业来说，首先应该经营好自己的主营业务，不断提高产品质量、服务水平及管理水平，同时不断提高企业的研发能力和创新能力，以获取核心技术优势。

此外，还需打造企业核心市场营销能力、品牌形象能力及核

心服务能力，进而提高企业的核心竞争力，才能在市场交易中占据主导权。拥有主导权之后，才能在上下游产业链交易中占有优势，进而达到减少材料成本及降低赊销风险发生的可能性。利用这种优势，能够保证企业现金流的充沛，降低资金链断裂的风险，从根本上解决资金链断裂的问题。

保持最佳现金持有量

最佳现金持有量，又称为最佳现金余额，是指既满足企业生产经营的需要，又使现金使用的效率和效益最高时的现金最低持有量。换言之，即能够使现金管理的机会成本与转换成本之和保持最低的现金持有量。

例如，乙公司自 2014 年 9 月正式投入生产以来，每天的现金余额变化很大，以目前行业的前景和公司的经营状况来看，未来发展的潜力很大，预计现金流的流速将不断加快，流量也将不断增大。

对此，公司管理层提出要求，希望能够确定公司的最佳现金持有量，把溢余的闲置资金用于购买短期有价证券，提高资金的利用率，增加公司价值。因此，有必要科学合理地对该公司的现金持有量进行估测。

那么，企业通过怎样的标准或指标，来确定并保持最佳现金持有量呢？

确定最佳现金持有量的模式，主要有成本分析模式、存货模式、现金周转模式及随机模式。

1. 成本分析模式

成本分析模式是根据现金有关成本，分析预测其总成本最低时现金持有量的一种方法。运用成本分析模式确定最佳现金持有量时，只考虑因持有一定量的现金而产生的机会成本及短缺成本，而不考虑管理费用和转换成本。

运用成本分析模式确定最佳现金持有量的步骤是：

（1）根据不同现金持有量测算并确定有关成本数值；

（2）按照不同现金持有量及其有关成本资料编制最佳现金持有量测算表；

（3）在测算表中找出总成本最低时的现金持有量，即最佳现金持有量。在这种模式下，最佳现金持有量，就是持有现金而产生的机会成本与短缺成本之和最小时的现金持有量。

例如，某企业有A、B、C、D四种现金持有方案，有关成本费用如表7–1所示。

表7–1 现金持有方案

单位：元

方案	A	B	C	D
现金持有量	10 000	20 000	30 000	40 000
机会成本率	10%	10%	10%	10%
管理成本	2 000	2 000	2 000	2 000
短缺成本	5 500	4 000	2 500	2 000

根据此表资料数据，编制总成本最低时企业最佳现金持有量测算表如下：

表 7-2　总成本最低时最佳现金持有量测算

单位：元

方案	A	B	C	D
现金持有量	10 000	20 000	30 000	40 000
机会成本率	10%	10%	10%	10%
管理成本	2 000	2 000	2 000	2 000
短缺成本	5 500	4 000	2 500	2 000
机会成本	1 000	2 000	3 000	4 000
总成本	8 500	8 000	7 500	8 000

或根据此表资料数据，编制相关总成本最低的企业最佳现金持有量测算表如下：

表 7-3　相关总成本最低时最佳现金持有量测算

单位：元

方案	A	B	C	D
现金持有量	10 000	20 000	30 000	40 000
机会成本率	10%	10%	10%	10%
短缺成本	5 500	4 000	2 500	2 000
机会成本	1 000	2 000	3 000	4 000
相关总成本	6 500	6 000	5 500	6 000

通过分析比较各方案的总成本可知，C方案的总成本和相关总成本最低，所以该企业的最佳现金持有量为 30 000 元。

在实际工作中，由于现金持有量、机会成本和短缺成本取值呈非连续性，所以采用逐步逼近的测试方法，必然能够找到较适宜的现金持有量。

2. 存货模式

存货模式，是将存货经济订货批量模型原理用于确定目标现金持有量，其着眼点也是现金相关成本之和最低。

运用存货模式确定最佳现金持有量时，是以下列假设为前提的：

（1）企业所需要的现金可通过证券变现取得，且证券变现的不确定性很小；

（2）企业预算期内现金需要总量可以预测；

（3）现金的支出过程比较稳定、波动较小，而且每当现金余额降至零时，均通过部分证券变现得以补足；

（4）证券的利率或报酬率及每次固定性交易费用可以确定。

如果这些条件基本得到满足，企业便可以利用存货模式来确定最佳现金持有量。

3. 现金周转模式

现金周转模式是按现金周转期来确定最佳现金余额的一种方法。现金周转期是指现金从投入生产经营开始，到最终转化为现金的过程。

现金周转期＝存货周转期＋应收账款周转期－应付账款周转期

最佳现金余额＝（年现金需求总额 ÷ 360）× 现金周转期

现金周转模式操作比较简单，但该模式要求有一定的前提条件：

（1）必须能够根据往年的历史资料准确测算出现金周转次数，并且假定未来年度与历史年度周转率基本一致；

（2）未来年度的现金总需求应根据产销计划比较准确地预计。

如果未来年度的周转率与历史年度相比较发生变化，但变化是可以预计的，那模式仍然可以采用。

4. 随机模式

随机模式是在现金需求难以预知的情况下进行的现金持有量确定方法。企业可以根据历史经验和需求，预算现金持有量的范围，进而确定现金持有量的上限和下限，争取将企业现金持有量控制在这个范围之内。

随机模式的原理：确定一个现金控制区域，定出上限与下限，即现金持有量的最高点与最低点。当余额达到上限时，将现金转换为有价证券；当余额降至下限时，将有价证券换成现金。

随机模式的适用范围：企业未来现金流量呈不规则波动、无法准确预测的情况。

总之，企业持有过多现金，将影响企业投资收益的提高，而企业现金持有不足，在可能使企业蒙受风险损失的同时，往往还要承担各种无法估量的潜在成本或机会成本。所以，企业确定并保持最佳现金持有量，是十分必要的。

现金的日常管理

企业在确定最佳现金持有量后，进行现金收支预算的同时，还应采取各种措施，加强现金的日常管理，在保证现金安全和完整的基础上，加快现金的周转速度，提高现金的使用效率。

现金日常管理的基本内容包括以下几个方面。

1. 加速货款回收

为了最大限度地发挥现金的使用效能，企业要尽量加速款项的回收。

一般来讲，企业款项的回收包括客户开出票据、企业收到票据和银行清算三个阶段。企业加速货款回收，可以从票据邮寄时间、票据在企业的停留时间及银行结算票据的时间这三个方面来加强管理。

2. 推迟付款时间

与现金收入管理相反，现金支出管理是尽可能控制现金支出的时间。当然，控制企业现金流出的时间必须是合法的，而且不影响企业的信誉。

通常，控制企业支付账款的时间的方法主要有以下几种：

（1）推迟支付应付账款法。

一般情况下，供应商向企业收取账款时，都会给企业预留一定的信用期限，企业可以在不影响信誉的前提下，尽量推迟支付时间，充分利用供货方的商业信用。

例如，企业在支付采购款项时，应选择在信用期最后一天付款，并尽可能利用给予的现金折扣。如正值公司急需现金时，甚至可以放弃供货方的折扣优惠，在信用期限的最后一天支付款项。

（2）汇票付款法。

这种方法是指在支付账款时，能够使用汇票付款的尽量使用汇票进行付款，而不采用支票或银行本票，更不直接支付现金。因为，在使用汇票时，只要不是“见票即付”的付款方式，在持票人将汇票送达银行后，银行还要将汇票交给承兑人承兑，并由付款人将一笔相当于汇票金额的资金存入银行，银行才会付款给收款人，这样就给合法的延期支付提供了可能。

（3）合理利用浮游量。

现金浮游量是指企业账户上现金余额与银行账户上实际存款余额的差额。企业开出的有些支票，企业账上已经作了现金减少处理，但是，客户尚未到银行兑现，这就形成了银行账户上现金余额大于企业账户上的现金余额的现金浮游量。如果能正确预测现金浮游量并加以利用，可以节约大量资金。

（4）分期付款法。

对企业而言，无论是谁都不能保证每一笔业务都能做到按时足额付款。因为，企业与客户是一种长期往来关系，彼此间已经建立了一定的信用，那么在出现现金周转困难时，适当地采取分期付款的方法，客户是可以理解的。但是，如果每一笔业务无论金额大小都采用分期付款法，则企业的信用度将大大降低。

因此，大额账款时可采用分期付款法，小额账款时应该按时足额支付。另外，在采用分期付款方法时，一定要妥善拟订分期付款计划，并将计划告知客户，且必须确保按计划履行付款义务，这样才能维护企业的信用。

3. 遵守现金管理原则

现金管理应遵守以下原则：

（1）钱账分管，会计、出纳分开。要实行“管钱的不管账，管账的不管钱”。出纳和会计相互牵制，互相配合，互相监督，可以保证少出差错，堵塞漏洞。

（2）建立现金交接手续，坚持查库制度。凡有现金支付，必须坚持复核。在款项转移或出纳调换时，必须办理交接手续，做到责任清晰。要经常检查库存现金与账面记录是否一致，以保证现金安全。

（3）遵守国家规定的现金使用范围。

（4）遵守库存现金限额。必须严格遵守核定的限额，对超出库存限额的现金，出纳应及时送存银行。需要增减库存现金限额的，应向开户银行提出申请，由开户银行核定。

（5）严格现金存取手续，不得坐支现金。开户单位收入的现金应于当日送存开户银行。当日送存有困难的，由开户银行确定送存时间。有关现金的支出，除了限额内的零星开支可以以库存现金支付外，其余的开支必须从银行提取，不得从本单位现金收入中直接支付，即不得坐支现金。

4. 充分利用闲置资金

企业在生产经营过程中，会产生大量的现金，这些现金在用于资本投资或其他业务活动之前，通常会闲置一段时间。这些现金可以用于短期证券投资以获取利息收入或资本利得，而当企业现金短缺的时候，又可以通过出售各种证券获取现金。

因此，如果闲置现金管理恰当，可为企业增加相当可观的净收益。

5. 力争现金流出与现金流入同步

企业应尽量使现金流出与现金流入同步，这样，就可以降低交易性现金金额，同时可以减少有价证券转换为现金的次数，提高现金的利用效率，节约转换成本。企业应认真编制现金预算，从而有效地组织销售及其他现金流入，合理安排采购材料等现金支出，使现金流入与现金流出基本同步。

总的来说，企业现金日常管理的意图，是在保证日常生产经营业务的现金需求前提下，最大限度地加速现金的运转，从而获得最大的经济收益。由此入手，可以探寻出很多现金日常管理的方法和技巧，这对企业的经营管理是十分有益的。

加强对应收账款的管理

应收账款，是指企业在正常的经营过程中因销售商品、产品、提供劳务等，应向购买单位收取的款项，包括应由购买单位或接受劳务单位负担的税金、代购买方垫付的各种运杂费等。

形成应收账款的直接原因是赊销。虽然大多数公司希望现销而不愿赊销，但是面对竞争，为了稳定自己的销售渠道、扩大商品销路、开拓并占领市场，降低商品的仓储费用、管理费用、增加收入，不得不面向客户采用信用政策，提供信用服务。

公司采用赊销制，虽然能给公司带来以上好处，但也要付出一定代价，给公司带来风险。如果客户拖欠货款，应收账款收回难度会越来越大，甚至收不回。

四川长虹集团是一家集电视、空调、冰箱、通讯、网络、商用电子、生活家电及新型平板显示器件等产业研发、生产、销售、服务为一体的多元化、综合型跨国企业集团。虽然今天的长虹发展势头良好，但当年也经历过应收账款的危机。

1996年，四川长虹的应收账款迅速增加，从1995年的1900万元增长到2003年的近50亿元，应收账款占资产总额的比例从1995年的0.3%上升到2003年的23.3%。

而且根据统计，在应收账款迅速增加的同时，四川长虹的应收账款周转率也在逐年下降，从1999年的4.67%下降到2005年一季度的1.09%，明显低于同行业其他上市公司的同期应收账款周转率。

很快，集团现金流量也开始锐减，从1999年的30亿元急剧下降到2002年的－30亿元。至2004年年底，其经营活动产生的现金流量净额为7.6亿元。

2004 年 12 月底，长虹发布公告称，由于计划计提大额坏账准备，公司将面临重大亏损。这一消息给投资者和中国家电业带来了不小的冲击。APEX 是四川长虹的最大债务人，应收账款欠款金额高达 38.38 亿元，占应收账款总额的 96.4%。据此，公司决定对该项应收账款计提坏账准备，当时预计最大计提坏账准备金额为 3.1 亿美元左右。

四川长虹如此大笔的应收账款失控，给企业正常经营发展造成了极大的影响，使企业一度陷入空前的困境。

对于一个企业来说，应收账款的存在本身就是一个产销的统一体，企业一方面想借助于它来促进销售，扩大销售收入，增强竞争能力，同时又希望尽量避免由于应收账款的存在而给企业带来的资金周转困难、坏账损失等弊端。

如何处理和解决好这一对立又统一的问题，便是企业应收账款管理的目标。

1. 加强应收账款的日常管理

第一，设置应收账款明细分类账；第二，设置专门的赊销和征信部门；第三，实行严格的坏账核销制度。

2. 实行严格的内审和内部控制制度

应收账款收回数额及期限是否如实，关系到企业流动资金的状况、企业生产的决策、信用客户的形象和内部控制对贪污及挪用企业款项的抵制等。

因此，为维护资金的安全运行，对应收账款应实行严格的内审和内部控制制度。

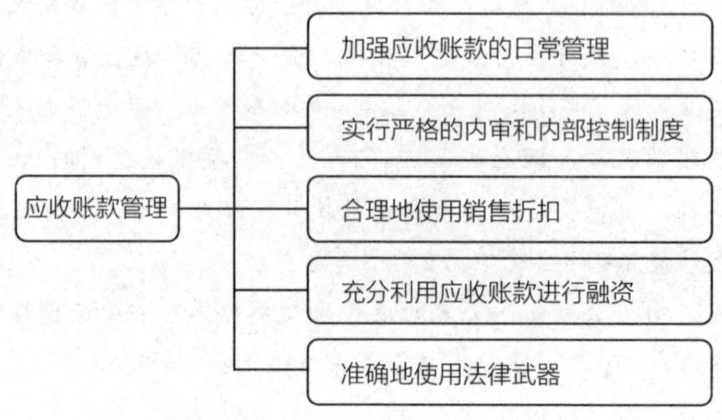

图 7–3　应收账款管理

3. 合理地使用销售折扣

通常，为鼓励客户及时付款或尽可能早地付款，我们可以采用销售折扣这一手段。

销售折扣的确会减少应收账款的风险，但是，在使用中我们还应注意使用的对象（客户）、使用的方式和提供折扣的范围。比如，现金折扣一般不用于普通客户，而商业折扣尽量少用于赊销方式。

4. 充分利用应收账款进行融资

应收账款的持有一般不会增值，若考虑货币的时间价值，它的持有还将会造成损失。因此，若能充分利用应收账款，使其增值，为企业带来效益，将是一件重要而且很有意义的事情。

5. 准确地使用法律武器

企业经济活动受法律约束，法律也会保护企业合法经济活动，所以，维护应收账款的完整，离不开法律这一有效的武器。

1996 年某公司曾向内蒙古乌海某公司出售铁路货车两列，共计100辆，价值1400余万元，当时在合同中明确了分期付款的进度并约定：“货款未全部付清前，产权仍归该公司所有。”

至1999年底，乌海公司尚欠该公司货款500余万元未付清，乌海公司因其他经济纠纷被诉，内蒙古高级人民法院查封了该两列铁路货车，该公司在得知这一情况后，迅速向内蒙古高级人民法院去函，说明情况，并正式以产权人的身份对其查封裁定提出异议。后又多次去人去函联系，据理力争。

经过多方努力，在2000年下半年内蒙古高级人民法院撤销了对该两列自备车的查封裁定，解除了对自备车的查封。

公司抓住机会，及时与乌海公司协商，以合理的价格收回其中一列共50辆车的所有权和经营权，以冲抵500万元货款，并根据当时的实际情况，很快将其出租给当地另外一家公司运营，至今已累计收回租金300余万元，租赁合同目前仍在履行。

这一成功的案例充分说明，如果在合同中作了明确的产权约定，债权的实现就有了较为可靠的保障，并且还可视具体情况将产品收回再利用，使其能够创造出新的价值，有时甚至可以实现比单纯销售产品更高的收益。

总之，企业应收账款管理的重点，就是根据企业的实际经营情况和客户的信誉情况制定合理的销售政策和信用政策。这是企业财务管理的一个重要部分，对财务资金有着直接的影响，企业领导者、管理者必须严格按照合理的方针策略来执行。

章节小记

资金链，是一个企业的血液，如何保证资金链的连续性发展，可以说是每个企业经营的一大难题。很多企业倒闭的原因，不是订单销量不好，也不是亏损，而是资金周转方面的问题。资金链一断，企业没有了新的血液补充，所面临的就只有倒闭了。

“现金为王”一直以来都被视为企业资金管理的中心理念。企业资金管理水平往往是决定企业生死存亡的关键所在。面对日益激烈的市场竞争，企业面临的生存环境复杂多变，只有提升企业资金管理水平，才能合理地控制营运风险，提升企业整体资金的利用效率，从而不断加快企业自身的发展。

|第八章|

F I N A N C E

8 财务分配：滋润每一个项目、每一个部门

企业财务资金的分配，不仅仅是一项简单的财务工作，它涉及企业管理的各个方面。合理有效的资金分配和使用，能减少企业生产管理成本和费用开支，提高企业的经济效益。

如企业进行年终奖金分配时就需要严谨、认真，在做到公平公开的同时，也合情合理，从而最大限度地激发各部门员工的积极性。

企业生产经营活动以财务利润为目标，企业各部门的工作开展也需要财务资金来支撑，而企业员工的高效工作也要以合理的工资待遇福利为前提，三者都离不开财务资金的合理分配和使用。

财务分配要合理

企业的财务分配，主要是指收益、利润的分配。企业通过资金的投入和使用，取得收入，并实现了资金的增值。这个增值的部分，就是企业取得的收入扣除生产经营中的各种耗费和损失之后，最终获得的收益和利润。

如何分配企业的利润资金呢？首先，需依法向国家缴纳所得税，这一部分资金的分配具有强制性；其次，依法提取各种公积金和公益金，用于企业风险金和职工的集体福利；最后，将利润在所有者之间进行分配，这是企业收益分配中的重点，也是资金分配管理的重点。

对于财务利润的分配，企业应在遵循国家分配政策的前提下，从企业的长远利益出发，合理确定收益分配的规模和分配方式，使企业获得最大的长远利益。

1. 企业利润分配的意义

（1）正确地进行利润分配，有利于企业补偿生产经营中的耗费，促使企业持续发展。

（2）正确地进行利润分配，是实现企业目标的重要条件。

（3）正确地进行利润分配，是满足各方关系人利益的前提。

（4）正确地进行利润分配，可以体现企业社会贡献能力的大小。

2. 企业利润分配的项目

按照规定，股份有限公司在缴纳了所得税之后，其税后利润应按下列顺序分配：

（1）弥补企业以前年度的亏损；

（2）提取法定盈余公积；

（3）提取公益金；

（4）提取任意盈余公积；

（5）支付股利。

盈余公积金是企业从税后利润中提取的积累资金，用于弥补亏损、扩大公司生产经营、防范和抵御风险。盈余公积金在实质上是企业经营中形成的盈余。在产权归属上，它属于企业所有者权益的一部分。

通常，我们又可把盈余公积金划分为法定盈余公积金和任意盈余公积金。前者按国家法律规定的比例进行提取，不论企业经济性质如何，这一比例均为10%，一直提取到注册资本的50%时结束；后者的提取比例由公司董事会决定，提取顺序在向投资者分配利润之前。

对于股份制公司来讲，提取任意盈余公积金必须在分配优先股股利之后，分配普通股股利之前。

公益金是企业从税后利润中提取的、用于本企业职工集体福利的资金，其提取比例按企业章程或由董事会决议确定。

分配给投资者的利润，其实就是企业投资者的投资回报。在这个分配过程中，一般应遵守纳税优先，企业积累优先，无盈余不分利的原则。股利是这部分利润的主要形式。

3. 企业利润分配的原则

（1）依法分配。

企业利润分配的对象是在一定会计期间内实现的税后利润。税后利润是企业投资者拥有的权益，对这部分权益的处置与分配，应当严格按照《公司法》等法律的规定和要求，遵循国家制定的利润分配顺序。企业的税前利润首先应按国家规定做出相应调整，增减应纳税所得额，然后依法缴纳所得税。

（2）兼顾国家、企业、职工三者的利益。

股份制企业作为纳税主体，首先要交纳所得税，保证国家的利益不受侵犯，同时弥补亏损和提取公积金，保证企业利益；提取公益金，用于改善职丅的集体福利，保证职工利益。

（3）股利分配要体现同股同利，共担风险的原则。

“按劳分配”是社会主义的分配原则，这是毫无疑问的。但是，在市场经济体制下，除了占主导地位的按劳分配之外，还在一定范围内出现了“按资分配”。股份制企业的股利分配就属于按资本分配的，马克思在《哥达纲领批判》中关于“分配关系和分配方式只是表现为生产要素的背面”等著名论断，为现阶段解决利润分配问题提供了重要依据。

（4）利润分配要起到激励作用。

在保障投资者应分配利润的前提下，如何确保经营者和员工的利益，则应通过利润分配激励政策，以提高职工的主人翁意识，调动职工的积极性。

我国现行法规规定，税后利润应当提取公益金，用于职工集体福利的开支；在现行企业中，使用税后可供分配利润对具有一定工作年限或做出较大贡献的员工发送红股，使员工也成为企业的主人参与企业利润的分配。

这种红股虽然在其转让、继承等方面作了一定的限制，但对提高职工的归属感和参与意识无疑具有积极的意义；也有部分企业试行的“内部职工股”与“期权”，是一种积极有效的探索。

（5）权益对等的原则。

企业在利润分配中应遵守公平、公正、公开的原则，企业的投资者在企业中只能以其股权比例享有合法权益，不得在企业中谋取私利，企业的获利情况应及时向所有的投资人公开，利润的分配方案应交股东会讨论，并充分考虑小股东的意见，利润分配的方式应当在所有股东中一视同仁。

总之，企业的分配制度事关企业的兴衰存亡。企业领导者一定要慎重对待，合理分配每一笔资金，不厚待、不忽视任何一个项目和部门，一切以企业自身利益最大化为前提来科学分配企业的每一分钱。

利润分配不差事

利润分配，是将企业实现的净利润，按照国家财务制度规定的分配形式和分配顺序，在企业和投资者之间进行的分配。

利润分配的过程与结果，关系着所有者的合法权益能否得到保护，企业能否长期、稳定发展，为此，企业必须加强利润分配的管理和核算。

克明面业股份有限公司关于2016年度利润分配的公告，具体如下：

本公司及董事会全体成员保证信息披露内容的真实、准确和完整，没有虚假记载、误导性陈述或重大遗漏。

克明面业股份有限公司（以下简称“公司”）于2017年4月10日收到公司控股股东南县克明食品集团有限公司（以下简称“克明食品集团”）提交的《关于2016年度利润分配预案的提议及承诺》，2017年4月25日，公司第四届董事会第九次会议审议通过了《关于公司2016年度利润分配的议案》，为充分保护广大投资者的利益，保证信息披露的公平性，现将有关情况公告如下：

一、利润分配具体方案

基于对公司未来发展的预期和信心，综合考虑公司经营现状及财务状况，为回报全体股东并使全体股东分享公司成长的经营成果，克明食品集团提议以未来实施分配方案时股权登记日的总股本为基数，向全体股东每10股派发现金股利人民币2元（含税）。

二、利润分配方案的合法性、合规性

该方案符合《公司法》《企业会计准则》、证监会《关于进一步落实上市公司现金分红有关事项的通知》、证监会《上市公司监管指引第3号—上市公司现金分红》及公司章程等规定，符合公司确定的利润分配政策、利润分配计划、股东长期回报规划以及做出的相关承诺。

三、利润分配方案与公司成长性的匹配性

根据公司2016年度财务报表，2016年度公司合并报表营业总收入216 352.16万元，归属于上市公司股东的净利润13 706.28万元。预计本次利润分配总额不超过6726.68万元，未超过母公司财务报表中可供分配的利润范围。

鉴于公司持续、稳健的盈利能力和良好的财务状况，并结合公司未来的发展前景和战略规划，在保证公司正常经营和长期发展的前提下，控股股东提出的本次利润分配方案与公司业绩相互匹配，兼顾了股东的短期利益和长远利益，利润分配方案的实施不会造成公司流动资金短缺或其他不利影响，具备合理性和可行性。

四、独立董事意见

1.2016 年度利润分配方案符合有关法律法规、《公司章程》的规定。

2. 2016 年度利润分配方案考虑了公司盈利情况、现金流状态及资金需求等各种因素，不存在损害中小股东利益的情形，符合公司经营现状，有利于公司的持续稳定、健康发展。

3. 同意 2016 年度利润分配方案，并同意将其提交股东大会审议。

五、监事会意见

公司 2016 年度利润分配方案符合相关法律、法规以及《公司章程》的规定，兼顾了投资者的利益和公司持续发展的资金需求，同意该利润分配方案。

六、其他说明

1. 本次利润分配方案需经公司 2016 年度股东大会审议通过后方可实施。

2. 公司控股股东南县克明食品集团有限公司承诺在公司股东大会审议上述利润分配预案时投赞成票。

3. 在本预案披露前，公司已严格控制内幕信息知情人的范围，并对相关内幕信息知情人履行了保密和严禁内幕交易的告知义务，防止内幕信息的泄密。

七、备查文件

1. 第四届董事会第九次会议决议；

2. 第四届监事会第九次会议决议；

3. 独立董事关于第四届董事会第九次会议相关事宜的事

前认可和独立意见。

特此公告。

企业利润分配的主体是投资者和企业，利润分配的对象是企业实现的净利润。做好企业利润分配工作，要注意以下几点。

1. 利润分配的程序

利润分配的一般程序是指企业实现企业经营所得后，应先用于哪些方面、后用于哪些方面的先后顺序问题。

我国改革后的利润分配程序为：企业的利润总额按照国家规定作相应调整后，首先要缴纳所得税；税后剩余部分的利润为可供分配的利润。可供分配利润再按如下顺序进行分配：

（1）支付被没收的财物损失，违反税收规定支付的滞纳金和罚款；

（2）弥补以前年度亏损；

（3）提取盈余公积金；

（4）提取公益金（新《公司法》已取消）；

（5）向投资者分配利润。

表 8–1 利润分配表基本格式

项目			
一、净利润			
加：年初未分配利润			
其他转入			
二、可供分配的利润			
减：提取法定盈余公积			
提取法定公益金			
提取职工福利及奖励基金			
提供储备基金			

（续表）

项目			
提供企业发展基金			
利润转作投资			
补充流动资本			
三、可供投资者分配的利润			
减：应付优先股股利			
提取任意盈余公积			
应付普通股股利			
转作资本（或股本）的普通股股利			
四、未分配利润			

2. 利润分配的原则

（1）依法分配原则。

为规范企业的利润分配行为，国家制定和颁布了若干法规，这些法规规定了企业利润分配的基本要求、一般程序和重大比例。企业的利润分配必须依法进行，这是正确处理企业各项财务关系的关键。

（2）分配与积累并重原则。

企业的利润分配，要正确处理长期利益和近期利益这两者的关系，坚持分配与积累并重。企业除按规定提取法定盈余公积金以外，可适当留存一部分利润作为积累，这部分未分配利润仍归企业所有者所有。这部分积累的净利润，不仅可以为企业扩大生产筹措资金，增强企业发展能力和抵抗风险的能力，同时，还可以供未来年度进行分配，起到以丰补歉、平抑利润分配数额波动、稳定投资报酬率的作用。

合理的股利政策

股利政策，是指公司股东大会或董事会对一切与股利有关的事项，所采取的较具原则性的做法，是关于公司是否发放股利、发放多少股利以及何时发放股利等方面的方针和策略，所涉及的主要是公司对其收益进行分配还是留存以用于再投资的策略问题。

股利政策有狭义和广义之分。狭义的股利政策，是指探讨保留盈余和普通股股利支付的比例关系问题，即股利发放比率的确定。而广义的股利政策则包括：股利宣布日的确定、股利发放比例的确定、股利发放时的资金筹集等。

2011 年 4 月 10 日晚间，贵州茅台公布了 2011 年财务报告，作为A股中的第一贵股，贵州茅台这次不仅带着 80 多亿元的净利润来报喜，同时还送给投资者一份大礼，每 10 股股票宣告派发 39.97 元（现金）股利，成为A股有史以来最高分红预案。

据贵州茅台公布的财务数据显示，2011 年公司营业总收入 184.02 亿元，同比增长 58.19%，净利润同比增长 73.49% 至 87.63 亿元，每股收益 8.44 元。

贵州茅台方面表示，报告期业绩增长主要原因系产品销量与价格增长所致。2011 年，公司共生产茅台酒及系列产品 3.95 万吨，同比增长 21.22%。截至 2011 年年末，贵州茅台的加权平均净资产收益率达到 40.39%，而资产负债率维持在 27.51%，较去年减少 0.3 个百分点。在“富甲一方”的同时向市场甩出重磅炸弹，宣布每 10 股将派发 39.97 元股利，刷新了由自己保持的A股现金分红历史。

在企业的财务决策中，股利分配政策同其他决策一样，不可小觑。那么，如何从企业本身需要及长远战略发展，考虑股利分配政策的制定呢？有许多公司，在获得高额回报之时，对股东表现得相当吝啬，而贵州茅台为什么采用这种高股利分配方式？这种分配会对企业产生怎样的影响？这些都需要企业从财务角度或整体战略上充分考虑。

1. 股利政策理论

（1）股利无关论。

股利无关论认为，在一定的假设条件限制下，股利政策不会对公司的价值或股票的价格产生任何影响，投资者不关心公司股利的分配。公司市场价值的高低，是由公司所选择的投资决策的获利能力和风险组合所决定，而与公司的利润分配政策无关。

（2）股利相关论。

表 8–2 股利相关理论

类型	内容
“手中鸟”理论	公司的股利政策与公司的股票价格密切相关，即当公司支付较高的股利时，公司的股票价格会随之上升，公司的价值将得到提高
信息传递理论	在信息不对称的情况下，公司可以通过股利政策向市场传递有关公司未来活力能力的信息，从而会影响公司的股价
所得税差异理论	由于普遍存在的税率以及纳税时间的差异，资本利得收入比股利收入更有助于实现收益最大化目标，公司应当采用低股利政策

（续表）

类型	内容
代理理论	股利的支付能够有效地降低代理成本。高水平的股利政策降低了企业的代理成本，但同时增加了外部融资成本，理想的股利政策应当使两种成本之和最小

首先，股利的支付减少了管理者对自由现金流量的支配权，这在一定程度上可以抑制公司管理者的过度投资或在职消费行为，从而保护外部投资者的利益；

其次，较多的现金股利发放，减少了内容融资，导致公司进入资本市场寻求外部融资，从而公司将接受资本市场上更多的、更严格的监督，这样便能通过资本市场的监督减少代理成本。

2. 股利政策方式

（1）剩余股利政策。

即以首先满足公司资金需求为出发点的股利政策。根据这一政策，公司按如下步骤确定其股利分配额：

①确定公司的最佳资本结构；

②确定公司下一年度的资金需求量；

③确定按照最佳资本结构，为满足资金需求所需增加的股东权益数额；

④将公司税后利润首先满足公司下一年度的增加需求，剩余部分用来发放当年的现金股利。

（2）稳定股利额政策。

即以确定的现金股利分配额作为利润分配的首要目标优先予以考虑，一般不随资金需求的波动而波动。这一股利政策有以下两点好处：

①稳定的股利额给股票市场和公司股东一个稳定的信息；

②许多作为长期投资者的股东（包括个人投资者和机构投资者）希望公司股利能够成为其稳定的收入来源，便于安排消费和其他各项支出，稳定股利额政策有利于公司吸引和稳定这部分投资者的投资。

例如，甲公司现有发行在外的普通股1000万股，每股维持1元的固定股利支付。若预计下一年度税后利润为2000万元，则公司首先应将1000万元的税后利润用于发放股利，然后再将剩下的1000万元作为投资所用。

若预计下一年度税后利润为3000万元，则公司首先应将1000万元的税后利润用于股利发放，然后再将剩余的2000万元作为投资所用。如果投资总共需要4000万元的话，则投资所需要的另外2000万元，要从债务市场上筹集。

采用稳定股利额政策，要求公司对未来的支付能力做出较好的判断。一般来说，公司确定的稳定股利额不应太高，要留有余地，以免形成公司无力支付的困境。

（3）固定股利率政策。

公司每年按固定的比例从税后利润中支付现金股利。从企业支付能力的角度看，这是一种真正稳定的股利政策。但是，这一政策将导致公司股利分配额的频繁变化，可能传递给外界一个公司不稳定的信息，所以很少有企业采用这一股利政策。

（4）正常股利加额外股利政策。

这一政策，企业除每年按固定股利额向股东发放称为正常股利的现金股利外，还在企业盈利较高、资金较为充裕的年度向股东发放高于一般年度的正常股利额的现金股利。其高出部分即为额外股利。

股利分配的实施

股利分配，即公司向股东分派股利，是企业利润分配的一部分，而且股利属于公司税后净利润分配。

股利分配涉及的方面很多，如股利支付程序中各日期的确定、股利支付比率的确定、股利支付形式的确定、支付现金股利所需资金的筹集方式的确定等。其中最主要的是确定股利的支付比率，即：用多少盈余发放股利，将多少盈余为公司所留用（称为内部筹资），因为这可能会对公司股票的价格产生影响。

1. 股利分配程序

股份公司的股利分配方案通常由公司董事会决定并宣布，必要时要经股东大会或股东代表大会批准后才能实施。

股利发放有几个非常重要的日期：

（1）宣布日。

股份公司董事会根据定期发放股利的周期举行董事会会议，讨论并提出股利分配方案，由公司股东大会讨论通过后，正式宣布股利发放方案，宣布股利发放方案的那一天即为宣布日，在宣布日，股份公司应登记有关股利负债（应付股利）。

（2）登记日。

由于工作和实施方面的原因，自公司宣布发放股利至公司实际发放股利会有一定的时间间隔。由于上市公司的股票在这一时间间隔内仍然在不断地交易，公司股东会随股票交易而不断易人，为了明确股利的归属，公司确定股权登记日，凡在股权登记日之前（含登记日当天）列于公司股东名单上的股东，都将获得此次发放的股利，而在这一天之后才列于公司股东名单上的股东，将得不到此次发放的股利，股利仍归原股东所有。

（3）除息日。

由于股票交易与过户之间需要一定的时间，因此，只有在登记日之前一段时间前购买股票的投资者，才可能在登记日之前列于公司股东名单之上，并享有当期股利的分配权。

一般规定登记日之前的第四个工作日为除息日（逢节假日顺延），在除息日之前（含除息日）购买的股票可以得到将要发放的股利，在除息日之后购买的股票则无权得到股利，又称为除息股。

除息日对股票的价格有明显的影响。在除息日之前进行的股票交易，股票价格中含有将要发放的股利的价值，在除息日之后进行的股票交易，股票价格中不再包含股利收入，因此其价格应低于除息日之前的交易价格。

2. 股利支付方式

（1）现金股利。即以现金支付的股利。它是股利支付的主要方式。公司支付现金股利除了要有累计盈余外，还要有足够的现金。

（2）股票股利。即以股票形式发放的股利，通常称为红股。其侧重于反映长远利益，对看重企业的潜在发展能力而不计较即期分红多少的股东更具有吸引力。它不会引起公司资产的流出或负债的增加，而只涉及股东权益内部结构的调整。

例如，乙公司发放股票股利前后，其资产负债表所有者权益发生变动。发放 10% 的股票股利，股票价格为 20 元/股，所有者权益变动情况如表 8–3 所示。

股票股利对公司来说，并没有现金流出，也不会导致公司的资产减少，而只是将公司的留存收益转化为股本。

表 8–3 股利发放前后所有者权益变动

单位：万元

项目指标	发放股票股利前	发放股票股利后
股本（面值1000元，发行1 000股）	1 000	1 100
资本公积	3 000	3 000
留存收益	1 000	900
所有者权益合计	5 000	5 000

发行股票股利的优点主要包括以下几点：

①发放股票股利不需要向股东支付现金，但可以从心理上给股东获得投资回报的感觉。在公司投资机会较多的情况下，公司可以为再投资提供成本较低的资金，从而有利于公司的发展。

②发放股票股利可以降低公司股票的价格，一些公司在其股票价格较高，不利于股票交易和流通时，可以通过发放股票股利降低公司的股票价格，促进公司股票的交易和流通。如果公司以发行股票的方式筹集资金，则可以降低发行价格，有利于吸引投资者。

③发放股票股利可以传递公司未来发展前景良好的信息，增强投资者信心。

④股票股利在降低股票价格的同时，会吸引更多的投资者成为公司的股东，从而分散公司的股权。应防止公司被恶意控制。

（3）财产股利。即以现金之外的资产支付的股利。主要是以企业所拥有的其他企业的有价证券，如债券、股票等作为股利支付给股东。

（4）负债股利。即以负债支付的股利。通常以企业的应付票据支付给股东，不得已的情况下也有发行债券抵付股利的。

实际上，财产股利和负债股利都是现金股利的替代。这两种股利支付方式目前在我国公司实务中很少使用，但并非为法律所禁止。

章节小记

公司利润分配是公司管理运营中的重要内容，关系到公司、股东、债权人、公司职工和国家等不同利益主体的切身利益。保护利润分配中相关主体的利益，既需要各方灵活运用契约手段，预先安排可能出现的利益冲突，又要通过法律强制，保护自身的合法权益。

我国《公司法》对公司可分配利润的来源、公积金制度、利润分配的决定权、分配的方式及参与分配的主体等方面，都做出了具体而明确的规定。但由于受我国法定资本制度和公司实践经验不足等因素的影响，我国的公司利润规范存在着立法不完善、实施效果偏离立法预期、强制性规范过多和救济不足等问题，导致了参与公司的各方主体在公司利润分配中存在着激烈的利益冲突。这些问题都有待于在修改《公司法》的时候进一步完善。但法律也不是万能的，当事人可以规避法律使法律落空，同时，公司利润分配在相当大程度上是股东自治的决策，司法的介入也应当是有限的，不应予以过多的干预。

|第九章|

F 9 I N A N C E

财务分析：把脉企业经营管理状况

财务分析是实现企业价值最大化的重要手段。通过财务分析，不断挖掘潜力，从各方面揭露矛盾，找出差距，充分认识未被利用的人力、物力资源，寻找利用不当的原因，促进企业经营活动按照企业价值最大化目标运行。

财务分析是实施正确投资决策的重要步骤。通过财务分析，可了解企业获利能力、偿债能力，从而进一步预测投资后的收益水平和风险程度，以做出正确的投资决策。

企业控制能力分析

企业的控制能力，并不是指企业老板对企业的操纵力，而是指企业保持健康发展的一种管理能力，它主要表现在两个方面：一是与产品相关的成本控制能力，二是与企业执行力相关的预算控制能力（计划的执行力）。

企业控制能力好，整体性就强，容易形成向心力，从而更高效地实现管理目标。反之，如果企业控制能力欠佳，就可能导致一盘散沙的局面，企业各部门各方面工作都缺乏力度、经营管理效率低下，从而导致企业走下坡路。

良好的企业控制能力，就是把企业各方面的管理工作都控制在一个科学合理的良性范围内。这里主要讲一下企业较为关注的成本控制和管理。

成本是指企业取得资产或劳务的支出。收入高低，对于企业来说，只能决定活得好或坏；但是成本高低，却能决定企业的生死存亡。

沃尔玛公司于1962年在美国阿肯色州成立，经过多年发展，沃尔玛公司已经成为美国最大的私人雇主和世界上最大的连锁零售商，2013财政年度销售额达4763亿美元，再次荣登《财富》世界500强榜首。

沃尔玛的核心经营原则，只有两个字："低价"。公司之前在中国的口号就是“天天平价，始终如一”，并努力实现价格比其他零售同行更便宜的承诺。成本控制就是沃尔玛成功的最大秘诀。

通过不断降低成本，沃尔玛可以不断地降低销售价格，吸引更多的客户来购买，销售收入不断地增加，利润更加大幅地增长，从而推动它的股价也越涨越高。1972 年 8 月沃尔玛上市时价格是 0.05 美元，到 2014 年 6 月底时价格为 75 美元，42 年累计上涨 1100 倍。如果按照复权价格计算，那么经过这 40 年的发展，沃尔玛最大涨幅超过 5000 倍。

从 1950 年山姆·沃尔顿在美国阿肯色州创立第一家特价商店以来，到目前在 15 个国家拥有超过 8500 家门店的零售业巨擘，拥有全世界最多员工的沃尔玛，甚至可以代表美国公司文化的历史。从一家小店铺发展成为跨国行业巨头的过程中，沃尔顿家族的一代又一代企业家通过不断地并购实现了跳跃式发展，沃尔玛的管理智慧和成本策略也一直是全世界工商管理课程中津津乐道的话题。

成本控制，是企业根据一定时期预先建立的成本管理目标，由成本控制主体在其职权范围内，在生产耗费发生以前和成本控制过程中，对各种影响成本的因素和条件采取的一系列预防和调节措施，以保证成本管理目标实现的管理行为。

一般来说，成本控制的方法主要有以下几种。

1. 目标成本管理

目标成本法是一种以市场为主、以顾客需求为导向，在产品规划、设计阶段就着手努力，运用价值工程，进行功能成本分析，达到不断降低成本，增强竞争能力的一种成本管理方法。

目标成本管理的关键在于确定目标成本，具体可以采取以下方法进行成本预测：

（1）扣除法。首先确定企业的目标利润，然后再从产品销售价格中扣除应缴纳的产品销售税金和本单位目标利润，其余额就是需要努力实现的目标成本。

（2）经验估算法，也叫调查研究法。它是对同样的产品，采取同行业先进企业及本企业的历史先进水平或上年度的实际成本，结合在计划期内各种变化的因素进行分析研究，根据预测成本降低的可能性及程度，估算出产品目标成本。

（3）高低点法。根据成本习性将企业成本分为固定成本和变动成本，用一定时期历史资料的最高业务量与最低业务量的总成本之差与两者业务量之差进行对比，先求出单位变动成本，然后再求得固定成本总额的方法。

（4）回归分析法。根据过去若干期的成本资料，利用最小二乘法，计算出回归直线，确定固定成本和变动成本，然后再进行成本预测。

2. 作业成本管理

作业成本法，又叫作业成本计算法或作业量基准成本计算方法，是以作业为核心，确认和计量耗用企业资源的所有作业，将耗用的资源成本准确地计入作业，然后选择成本动因，将所有作业成本分配给成本计算对象（产品或服务）的一种成本计算方法。

作业成本法是以作业消耗资源和产品消耗作业为基本前提，以作业作为核算对象，依据资源驱动因素将资源成本分配到作业中心，再将作业中心以作业驱动因素为基础追踪到产品成本，从而计算出各种产品的总成本和单位成本。作业成本的计算过程如图 9–1：

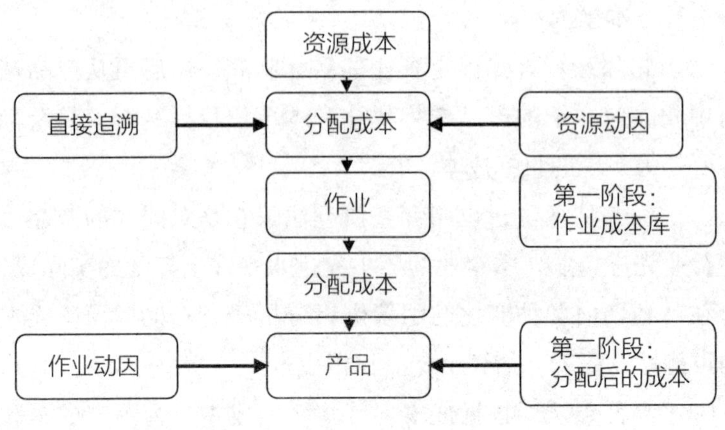

图 9–1　作业成本管理

3. 责任成本控制

责任成本是指特定的责任中心（如某一部门、单位或个人）在其所承担的责任范围内所发生的各种耗费。从实质上来说，责任成本制度是企业内部的一种管理制度。具体地说，就是要按照企业生产经营组织系统，建立责任成本中心，按成本责任的归属进行成本信息的归集、控制和考核，从而将经济责任落实到各部门、各单位及具体执行人。

4. 标准成本控制

标准成本法，又称标准成本会计，是指围绕标准成本的相关指标而设计的，将成本的前馈控制、反馈控制及核算功能有机结合而形成的一种成本控制系统。

标准成本系统最初产生于 20 世纪 20 年代的美国，随着其内容的不断发展和完善，被西方国家广为采用，目前已成为企业日常成本管理中应用最为普遍和有效的一种控制手段。

如何评估企业营运能力

企业营运能力，主要指企业营运资产的效率与效益。企业营运能力的财务分析指标有：存货周转率、应收账款周转率、营业周期、流动资产周转率和总资产周转率等。

这些指标揭示了企业资金运营周转的情况，反映了企业对经济资源管理和运用的效率高低。企业资产周转越快，流动性越高，企业的偿债能力就越强，资产获取利润的速度就越快。

1. 企业营运能力评估指标

（1）总资产周转率，是指企业的销售收入与平均资产总额的比率。用公式表示为：

总资产周转率＝销售收入/平均资产总额

（2）流动资产周转率，是指企业的销售收入与平均流动资产的比率。通过这个比率，我们可以进一步了解企业短期内营运能力的变化。用公式表示为：

流动资产周转率＝销售收入/平均流动资产

（3）存货周转率，指的是企业的销售成本与存货平均余额的比率。存货周转状况也可以用存货天数来表示，即表示存货周转一次所需要的时间，天数越短，说明存货周转越快。用公式表示为：

存货周转率＝销货成本/平均存货余额

（4）固定资产周转率，也称固定资产利用率，是企业销售收入与固定资产净值的比率。固定资产周转率表示在一个会计年度内，固定资产周转的次数，或表示每1元固定资产支持的销售收入。用公式表示为：

固定资产周转率＝销售收入/平均固定资产净值

固定资产平均净值=（起初净值+期末净值）÷2

（5）应收账款周转率，指的是企业一定时期赊销收入与应收账款平均余额的比率。该指标用来衡量企业的应收账款转变为现金的速度。由于赊销收入不易取得，在实务中多采用销售收入替代赊销收入进行计算。用公式表示为：

应收账款周转率=销售收入/平均应收账款

2. 企业营运能力分析

营运能力分析，是通过对反映企业资产营运效率与效益的指标进行计算与分析，评价企业的营运能力，为企业提高经济效益指明方向。

营运能力体现了企业运用资产的能力，若资产运用效率高，则可以用较少的投入获取较高的收益。

现从以下几个方面来分析奇瑞2010年至2012年的营运能力（单位：亿元）。

（1）总资产周转率。

根据相关公式和数据计算得出，奇瑞2010年的总资产周转率为0.3996；2011年为0.4845；2012年为0.3571。

分析：该指标越高说明企业资产营运效率越高。该公司2011年总资产周转率比2010年略有上升，说明总资产周转速度有所提升，说明企业的销售能力增强，利润增加。2012年的总资产周转率下降，说明企业的生产效率下降，影响企业的盈利能力。

（2）流动资产周转率。

根据相关公式和数据计算得出，奇瑞2010年流动资产周转率为0.2848；2011年为0.3742；2012年为0.3421。

分析：流动资产周转率越高，说明在一定时期内流动资产周转次数越多，流动资产利用率越高。该公司 2011 年比 2010 年略有上升，流动资产周转保持上年的速度，保证了企业经营效率和盈利能力。2012 年下降，说明企业流动资产周转额减少，流动资产的利用率降低。

（3）存货周转率。

根据相关公式和数据计算得出，奇瑞 2010 年的存货周转率为 0.3426；2011 年的存货周转率为 0.4110；2012 年的存货周转率为 0.4887。

分析：存货周转率越高，存货变现速度越快，销售能力越强。该公司 2011 年存货周转率比 2010 有所提高，提高了企业资产的变现能力，为其短期偿债能力提供了保障。2010 年较低，说明 2010 年的销售状况不好，存货积压，资金占用水平高。

（4）固定资产周转率。

根据相关公式和数据计算得出，奇瑞 2010 年的固定资产周转率为 52.560；2011 年的固定资产周转率为 39.512；2012 年的固定资产周转率为 58.812。

分析：固定资产周转率越高表明企业资产利用率越高，企业固定资产管理水平也越高。从以上数据看，2010 年和 2012 年的数据较高，说明固定资产利用较好，相对来说 2012 年最好。

（5）应收账款周转率。

根据相关公式和数据计算得出，奇瑞 2010 年的应收账款周转率为 31.625；2011 年的应收账款周转率为 33.25；2012 年的应收账款周转率为 52.78。

分析：应收账款周转率越高说明企业应收账款回收越快，流动性强。2011 年应收账款周转率比 2010 年有所上升，证明应收账款收账期缩短，应收账款收回加快，资金滞留在应收账款上数量减少，资金使用效率提高。2012 年应收账款周转率最高，说明回收应收账款速度加快。

综合以上各指标来看，奇瑞的资产营运能力较强，尤其是其应收账款、固定资产的营运能力非常优秀，堪称行业典范。

企业盈利能力怎么样

盈利能力，是指企业获取利润的能力。利润是企业内外有关各方都关心的中心问题、利润是投资者取得投资收益、债权人收取本息的资金来源，是经营者经营业绩和管理效能的集中表现，也是员工福利的重要保障。因此，企业盈利能力分析十分重要。

一般来说，企业盈利能力主要用营业利润率、成本费用利润率、盈余现金保障倍数、总资产报酬率、净资产收益率和资本收益率这六个指标去评价。

例如：甲、乙两家企业，2005 年的销售收入均为 50 万元，净利润为 10 万元。我们无法判断到底哪家公司的盈利能力强。但是如果告诉我们，甲公司的总资产为 500 万元，所有者权益为 100 万元；乙公司的总资产为 200 万元，所有者权益为 50 万元。我们就可以认为乙公司的盈利能力高于甲公司，因为乙公司每元所有者权益带来的净利润为 0.2 元，而甲公司为 0.1 元。因此，对企业的盈利能力进行分析时，在考虑绝对值的基础上，往往更多地考虑相对值指标。

1. 企业盈利能力评价指标

（1）营业利润率。

营业利润率，是企业一定时期营业利润与营业收入的比率。

其计算公式为：

营业利润率＝营业利润/营业收入 ×100%

营业利润率越高，表明企业市场竞争力越强，发展潜力越大，盈利能力越强。

在实务中，也经常使用销售毛利率、销售净利率等指标来分析企业经营业务的获利水平。其计算公式分别如下：

销售毛利率＝（销售收入－销售成本）/销售收入 ×100%

销售净利率＝净利润/销售收入 ×100%

（2）成本费用利润率。

成本费用利润率，是企业一定时期利润总额与成本费用总额的比率。其计算公式为：

成本费用利润率＝利润总额/成本费用总额 ×100%

其中：成本费用总额＝营业成本＋营业税金及附加＋销售费用＋管理费用＋财务费用

成本费用利润率越高，表明企业为取得利润而付出的代价越小，成本费用控制得越好，盈利能力越强。

（3）盈余现金保障倍数。

盈余现金保障倍数，是企业一定时期经营现金净流量与净利润的比值，反映了企业当期净利润中现金收益的保障程度，真实反映了企业盈余的质量。其计算公式为：

盈余现金保障倍数＝经营现金净流量/净利润

一般来说，当企业当期净利润大于0时，盈余现金保障倍数应当大于1。该指标越大，表明企业经营活动产生的净利润对现金的贡献越大。

（4）总资产报酬率。

总资产报酬率，是企业一定时期内获得的报酬总额与平均资产总额的比率，反映了企业资产的综合利用效果。其计算公式为：

总资产报酬率=息税前利润总额/平均资产总额 ×100%

其中：息税前利润总额=利润总额+利息支出

一般情况下，总资产报酬率越高，表明企业的资产利用效益越好，整个企业盈利能力越强。

（5）净资产收益率。

净资产收益率，是企业一定时期净利润与平均净资产的比率，反映了企业自有资金的投资收益水平。其计算公式为：

净资产收益率=净利润/平均净资产 ×100%

其中：平均净资产=（所有者权益年初数+所有者权益年末数）/2

一般认为，净资产收益率越高，企业自有资本获取收益的能力越强，运营效益越好，对企业投资人、债权人利益的保证程度越高。

（6）资本收益率。

资本收益率，是企业一定时期净利润与平均资本（即资本性投入及其资本溢价）的比率，反映企业实际获得投资额的回报水平。其计算公式如下：

资本收益率=净利润/平均资本 ×100%

其中：平均资本=（实收资本年初数+资本公积+实收资本年末数+资本公积年末数）/2

上述资本公积仅指资本溢价或股本溢价。

2. 企业盈利能力分析方法

（1）盈利稳定性分析。

盈利的稳定性主要应从各种业务利润结构角度分析，即通过分析各种业务利润在利润总额中的比重判别盈利的稳定性。

我国损益表中的利润按业务的性质划分为商品（产品）销售

利润、其他业务利润、营业利润、营业外收支等。各利润项目又是按获利的稳定性顺序排列的，凡是靠前的项目在利润总额中所占比重越高，说明获利的稳定性越强。

由于主营业务是企业的主要经营业务，一个持续经营的企业总是力求保证主营业务的稳定，从而使得盈利水平保持稳定，所以在盈利稳定性分析中，应侧重主营业务利润比重的分析，重点分析主营业务利润对企业总盈利水平的影响方向和影响程度。

（2）盈利持久性分析。

盈利的持久性，即企业盈利长期变动的趋势。分析盈利的持久性通常采用将两期或数期的损益进行比较的方式。各期的对比既可以是绝对额的比较，也可以是相对数的比较。

绝对额的比较方式，就是将企业经常发生的收支、经营业务或商品的利润的绝对额进行对比，看其盈利是否能维持或增长。

相对数的比较方式，是选定某一会计年度为基年，用各年损益表中各收支项目余额去除以基年相同项目的余额，然后乘以100%，求得各有关项目变动的百分率，从而判断企业盈利水平是否具有持续保持和增长的可能性。如企业经常性的商品销售或经营业务利润稳步增长，则说明企业盈利的持久性强。

总之，盈利能力就是企业赚取利润的能力，它是反映企业价值的一个重要指标。企业的盈利能力越强，给予股东的回报就越高，企业价值也就越大。如果企业连年亏损，盈利能力则弱，企业无法给予股东回报，企业价值也就小。企业老板应密切关注企业盈利能力的动态状况。

企业有没有足够的偿债能力

企业的偿债能力，即企业用其资产偿还长期债务与短期债务的能力。

企业有无支付现金的能力和偿还债务的能力，是企业能否生存和健康发展的关键。企业偿债能力是反映企业财务状况和经营能力的重要标志。

1989 年，史玉柱辞职后开始创业，他当时的家当只有东挪西借的 4000 元，以及耗费了 9 个多月研发出来的桌面排版印刷系统。第一桶金靠的就是一次大胆的冒险。

当时的杂志是可以先打广告后收钱的，所以史玉柱利用了这个时间差，将自己手上仅有的 4000 元为自己的桌面排版印刷系统做了一个 8400 元的广告，也就是说他还倒欠杂志社 4400 元。现在听起来这个数字不算多，但在当时这个冒险的成本的确不是小数目。

广告打出之后 4 个月，史玉柱赚到了 100 万元。他拿着这笔钱以当时的蓝色巨人IBM为目标，创办了巨人公司，他的目标是要做中国的IBM。自此，巨人就一路高歌猛进。

1995 年，巨人资产已达 8 亿元。这一年史玉柱 33 岁，巨人也开始走上了一条多元化经营的发展道路——进军房地产和生物工程领域。巨人耗资 12 亿元建造一座高 78 层的巨人大厦，但盖楼的钱远远超出史玉柱的预估，他的现金流断了，各路债主也纷纷上门，一夜之间，史玉柱背上了 2.5 亿的债务，从福布斯富中国豪榜上的第 8 位下跌为最穷的人，并从此销声匿迹。

如此大起大落，究竟是什么原因造成的呢？主要原因就出在巨人集团的偿债能力上。

巨人大厦本来只盖18层，但是当时在众人的热捧和领导的鼓励下，史玉柱不断加码到要盖78层，投资也从2亿元陡然增加到12亿，巨人大厦的资金缺口马上就出现了。

由于史玉柱一开始没有和银行建立良好的信贷关系，使得当时国家货币紧缩政策开始后，巨人难以从银行借到钱。这样，一头自有资金断链，一头贷款没有着落，在两方面不利因素的紧逼之下，巨人就产生了财务危机。同时，巨人集团对生物工程产业抽调资金过多，使得生物工程产业“严重贫血”，巨人大厦唯一的资金来源也丧失，巨人集团陷入破产倒闭的困境。

史玉柱第一次的破产倒闭经历，与他不重视企业偿债能力息息相关。后来，史玉柱在“脑白金”和“巨人网络”的二次创业中，吸取了之前的经验教训，使得巨人集团成功上市，史玉柱又有了几百亿的身家。

纵观史玉柱大起大落的创业故事，企业偿债能力对企业的经营管理显得十分重要。那么，企业老板如何来判断一个企业的偿债能力是好还是坏呢？可从以下相关指标入手。

1. 流动比率

流动比率，表示每1元流动负债有多少流动资产作为偿还的保证。它反映公司流动资产对流动负债的保障程度。计算公式为：

流动比率＝流动资产合计/流动负债合计

一般情况下，该指标越大，表明公司短期偿债能力越强。

2. 速动比率

速动比率表示每1元流动负债有多少速动资产作为偿还的保

证，进一步反映流动负债的保障程度。计算公式为：

速动比率=（流动资产合计–存货净额）/流动负债合计

一般情况下，该指标越大，表明公司短期偿债能力越强，通常该指标在100%左右较好。

由于预付账款、待摊费用、其他流动资产等指标的变现能力差或无法变现，所以，如果这些指标规模过大，那么在运用流动比率和速动比率分析公司短期偿债能力时，还应扣除这些项目的影响。

3. 现金比率

现金比率，表示每1元流动负债有多少现金及现金等价物作为偿还的保证，反映公司可用现金及变现方式清偿流动负债的能力。计算公式为：

现金比率=（货币资金+短期投资）/流动负债合计

该指标能真实地反映公司实际的短期偿债能力，该指标值越大，说明公司的短期偿债能力越强。

例如，彩虹股份（600707）现金比率为24.24%，不算很好。但流动比率和速动比率分别为176.79%和173.27%，且应收账款周转率和存货周转率分别为11.94次和10.07次，说明该公司流动资产变现性较好，总体的短期偿债能力较强。

4. 资本周转率

资本周转率，是指可变现的流动资产与长期负债的比例，反映公司清偿长期债务的能力。计算公式为：

资本周转率=（货币资金+短期投资+应收票据）/长期负债合计

一般情况下，该指标值越大，表明公司近期的长期偿债能力越强，债权的安全性越好。由于长期负债的偿还期限长，所以，在运用该指标分析公司的长期偿债能力时，还应充分考虑公司未来的现金流入量，经营获利能力和盈利规模的大小。

5. 清算价值比率

清算价值比率，表示企业有形资产与负债的比例，反映公司清偿全部债务的能力。

计算公式：清算价值比率＝（资产总计－无形及递延资产合计）/负债合计

一般情况下，该指标值越大，表明公司的综合偿债能力越强。由于有形资产的变现能力和变现价值受外部环境的影响较大且很难确定，所以运用该指标分析公司的综合偿债能力时，还需充分考虑有形资产的质量及市场需求情况。如果公司有形资产的变现能力差，变现价值低，那么公司的综合偿债能力就会受到影响。

6. 利息支付倍数

利息支付倍数，表示息税前收益对利息费用的倍数，反映公司负债经营的财务风险程度。计算公式：利息支付倍数＝（利润总额＋财务费用）/财务费用

一般情况下，该指标值越大，表明公司偿付借款利息的能力越强，负债经营的财务风险就小。

由于财务费用包括利息收支、汇兑损益、手续费等项目，还存在资本化利息，所以在运用该指标分析利息偿付能力时，最好将财务费用调整为真实的利息净支出，这样反映公司的偿付利息能力最准确。

企业发展能力评价

企业的发展能力，也称企业的成长性，它是企业通过自身的生产经营活动，不断扩大积累而形成的发展潜能。企业能否健康发展取决于多种因素，包括外部经营环境、企业内在素质及资源条件等。

1. 企业发展能力分析的必要性

首先，企业价值在很大程度上取决于未来的盈利能力，取决于营业收入、收益及股利的未来增长，而不是企业过去或目前所取得的收益情况。

其次，无论是增强企业的盈利能力、偿债能力还是提高资产营运效率，都是为了企业未来的成长需要，为了提高企业的发展能力，也就是说发展能力是企业盈利能力、营运能力和偿债能力的综合体现。

所以，要全面衡量一个企业的价值，就不应该仅仅从静态的角度分析其经营能力，而更应该着眼于从动态的角度出发分析和预测企业的经营发展水平，即发展能力。

2. 企业发展能力分析的意义

考核企业的发展能力，可以抑制企业的短期行为，有利于完善现代企业制度。

企业的短期行为集中表现为追求眼前的利润，忽视企业资产的保值与增值。为了实现短期利润，有些企业不惜损耗设备、少计费用和成本。增加了对企业发展能力的考核后，不仅要考核企业目前实现的利润，还要考核企业资产的保值与增值情况，这就可以从一定程度上抑制企业的短期行为，真正增加企业的经济实力，完善现代企业制度。

3. 企业发展能力分析的内容

发展能力分析主要包括总资产增长率分析、股东经济利益增加值分析和竞争能力分析。

（1）总资产增长率分析。企业价值要增长，就要依赖于股东权益、收益、营业收入、资产等方面的不断增长。增长率分析就是对股东权益增长率、收益增长率、营业收入增长率、总资产增长率等指标进行分析。

（2）股东权益增加值分析。主要通过比较不同时期的股东权益增加值的增减变化，分析企业股东价值增长情况及其原因，从而判别企业的成长性。

（3）竞争能力分析。主要通过比较产品的市场占有率、市场覆盖率、产品竞争力、企业竞争策略等，对参与竞争的企业的实力做出合理的分析和评价。

4. 企业发展能力——竞争力分析

关于企业发展能力分析，下面以竞争力为例加以说明。

企业竞争能力综合表现在产品的市场占有情况，因此，通过分析企业产品市场占有情况，就可以对企业竞争能力的强弱做出评价。

（1）市场占有率分析。市场占有率是反映企业市场占有情况的一个基本指标。它是指在一定时期、一定市场范围内，企业某种产品的销售量占市场上同种产品的销售量的比重。

一般是将本企业的市场占有率与主要竞争对手进行对比分析，一方面，要通过对比分析看到与竞争对手的差距或自身的优势；

另一方面，还要进一步寻找其原因。

（2）市场覆盖率分析。市场覆盖率是反映企业市场占有状况的又一主要指标。市场覆盖率是指本企业产品的投放地区占应销售地区的百分比。

利用该指标说明企业竞争能力的强弱，也必须与竞争对手进行对比分析。影响市场覆盖率的主要因素有：不同地区的需求结构、经济发展水平、民族风俗习惯、竞争对手的实力、本企业产品的竞争力及地区经济封锁等。

（3）产品竞争力分析。

①产品质量的竞争力分析。产品质量的优劣是产品有无竞争能力的首要条件。提高产品质量，是提高企业竞争力的主要手段。本企业的产品质量不好，不仅会损害消费者的利益，而且也会直接影响企业的信誉、产品的销路、企业的市场竞争力，进而影响企业的发展能力。

②产品品种的竞争力分析。企业要根据市场变化和新技术的发展，不断调整产品结构，积极改进老产品，主动开发新产品、新品种，才能使企业的产品保持竞争力。

③产品成本和价格的竞争力分析。成本是价格的基础，成本高低决定着产品的价格竞争力。成本越低，出售产品的价格升降余地越大，竞争力也就越强。

所以，要通过与主要竞争对手或同行业成本最低的企业进行成本水平的对比分析，从而对本企业的价格竞争能力做出正确评价，并指出成本水平差距及其原因，进而提出有效对策，以进一步降低成本，提高企业的价格竞争力。

④产品销售服务的竞争力分析。销售服务，是企业竞争力的一个重要方面。强化销售服务，是密切企业与用户关系，提高企业声誉，扩大销售和占领市场，提高企业竞争力的重要手段之一。

（4）企业竞争策略分析。

企业竞争策略可以归纳为以下几个方面：以优质取胜、以创新取胜、以价廉取胜、以快速交货取胜、以优质服务取胜、以信誉取胜等。

分析企业的竞争策略，就是要结合本企业的经济效益，并与主要竞争对手比较，分析研究现在采取的竞争策略存在哪些问题或潜力；根据市场形势及竞争格局的变化，提出本企业的竞争策略将要做出哪些改变。

通过上述竞争能力的分析，对企业的总体竞争能力在本地区、同行业中的位置做出正确评价，从而对企业未来的发展能力做出合理的分析和评价。

发展能力分析，关系到一个企业的可持续经营和发展，它不仅是科学评价企业绩效的关键，也是政府加强宏观调控、改善企业管理和满足外部需求者的工具，更是企业提高竞争力的有效工具。通过企业发展能力分析，能够对企业的发展潜力做出客观理性的预测，并为企业规避风险、制定企业战略提供科学的依据。

章节小记

一个企业，它的价值很大程度上取决于其自身的发展能力。

企业的发展能力反映了企业目标与财务目标，是企业盈利能力、营运能力、偿债能力的综合体现。它是通过自身的生产经营活动，不断扩大积累而形成的，主要依托于不断增长的销售收入、不断增加的资金投入和不断创造的利润等，最终表现为能够不断为股东创造财富，不断增加企业价值。

发展能力是企业持续发展和未来价值的源泉，是企业的生存之本、获利之源。

10

第十章

F I N A N C E

财务决策：决策不对，努力白费

财务决策是对财务方案、财务政策进行选择和决定的过程。财务决策的目的在于确定最为令人满意的财务方案。只有确定了预期效果好并切实可行的方案，财务活动才能取得好的效益，实现企业价值最大化的财务管理目标。

财务决策是整个财务管理的核心。财务决策是一种多标准的综合决策。决定方案取舍的，既有货币化、可计量的经济标准，又有非货币化、不可计量的非经济标准，因此决策方案往往是多种因素综合平衡的结果。

投资决策，慎之又慎

投资决策是企业所有决策中最为关键、最为重要的决策，因此我们常说：投资决策失误是企业最大的失误，一个重要的投资决策失误往往会使一个企业陷入困境，甚至破产。因此，财务管理的一项极为重要的职能，就是为企业当好参谋，把好投资决策关。

所谓投资决策，是指投资者为了实现其预期的投资目标，运用一定的科学理论、方法和手段，通过一定的程序，对若干个具备可行性的投资方案进行研究论证，从中选出最满意的投资方案的过程。由此可见，企业投资决策是决定一项投资成败的关键所在。

企业投资决策可以正确处理和认识投资项目的技术复杂性和投资经济效益的不确定性之间的关系。现代化企业投资项目的技术结构复杂，涉及面广，影响投资实施的因素繁多，这就要求在投资项目确定之前，要全面研究投资实施中的各个有关环节，认真分析投资实施过程中相关的有利与不利的各种因素，经过技术论证，选择最佳的投资方案。

1. 投资决策的特点

（1）投资决策具有针对性。投资决策要有明确的目标，如果没有明确的投资目标，就无所谓投资决策，而达不到投资目标的决策就是失策。

（2）投资决策具有现实性。投资决策是投资行动的基础，投资决策是现代化投资经营管理的核心。因此可以说，企业的投资经营活动是在投资决策的基础上进行的，没有正确的投资决策，也就没有合理的投资行动。

（3）投资决策具有择优性。投资决策与优选概念是并存的，投资决策中必须提供实现投资目标的几个可行方案，因为投资决策过程就是对诸投资方案进行评判选择的过程。合理的选择就是优选。优选方案不一定是最优方案，但它应是诸多可行投资方案中最满意的投资方案。

（4）投资决策具有风险性。风险就是未来可能发生的危险，投资决策应顾及实践中将出现的各种可预测或不可预测的变化。因为投资环境是瞬息万变的，风险的发生具有偶然性和客观性，是无法避免的，但人们没法去认识风险的可规性，依据以往的历史资料并通过概率统计的方法，对风险做出估计，从而控制并降低风险。

2. 投资决策的要点

（1）确定投资目标。确定企业投资目标是投资决策的前提。正确确定投资目标必须要做到：

①有正确的指导思想，要在指导思想上明确为什么投资，最需要投资的环节、自身的条件与资源状况、市场环境的状况等；要有全局观念，要考虑把眼前利益与长远利益结合起来，避免“短期与近视”可能带来的影响到企业全局和长远发展的不利因素；

②要有科学的态度，科学的投资决策是保证投资有效性的

前提；

③要实事求是，注重对数据资料的分析和运用，不能靠“拍脑袋”来决定事关重大的投资决策方案。

（2）选择投资方向。在明确投资目标后，就可以进一步拟定具体的投资方向。这一步也很重要，事关企业今后在哪里发展的问题。

（3）制定投资方案。在确定投资方向之后，就要着手制定具体的投资方案，并对方案进行可行性论证。一般情况下，可行性决策方案要求在两个以上，因为这样可以对不同的方案进行比较分析，有利于做出最优的方案选择。

投资决策是企业所有决策中最为关键、最为重要的决策，投资决策的失误也是企业最大的失误，一个重要的投资决策失误可能会使一个企业陷入困境，甚至破产。企业老板在投资决策时，务必多方面多角度全方位进行考察，慎之又慎，尽可能降低投资风险。

融资决策是生存发展的关键

融资决策是指为企业并购筹集所需要的大量资金，定出最佳的融资方案。融资决策是每个企业都会面临的问题，也是企业生存和发展的关键问题之一。

1999 年 2 月 21 日，马云和“十八罗汉”凑够 50 万元创办了阿里巴巴。马云希望用这 50 万元坚持 10 个月，期望 10 个月之后就能吸引到投资。

阿里巴巴维持到七八个月的时候，50万元的启动资金已经花得一干二净了。马云只好四处借钱给员工发工资，最为窘迫的时候，阿里巴巴的银行账户里只有200元。有一次，马云去见上海的投资商，对方提出了一个苛刻的条件。

经过再三考虑，马云还是咬着牙放弃了这笔投资。经过若干次谈判，马云拒绝了至少38家投资商，这38家投资商大多是内地的投资者。马云拒绝他们的主要原因是，这些投资者对马云本人和阿里巴巴的管理层持有怀疑态度。

后来阿里巴巴上市，在纽约IPO路演会上，马云笑谈当年的窘迫："15年前我为融资200万美元，我来纽约，失败而归，15年来我就没放弃，这次来纽约就是想多要点钱回去。"

终于在1999年8月，马云在蔡崇信的帮助下获得了阿里巴巴的第一笔"天使基金"，成功引入高盛公司500万美元风险投资。

资金是企业经济活动的第一推动力、持续推动力。企业能否获得稳定的资金来源、及时足额筹集到生产要素组合所需要的资金，对经营和发展都是至关重要的。

融资困境，是我国绝大部分民营企业在发展中都会遇到的障碍。大约80%被调查的民营企业认为，融资难是普遍的或主要的企业发展制约因素。在创业阶段，90%以上的初始资金都是由主要的业主、创业团队成员及其家庭提供的，银行贷款和其他金融机构或非金融机构的贷款所起的作用很小。

融资，是解决企业资金问题的有效办法，那么怎样才能融到资呢？

1. 融资的渠道

融资渠道很多，比如金融财团融资、认股权融资、可转换债券融资、风险投资融资等，当然也可以通过银行借款，发行其他种类的债券、股票等融资方式。

2. 最佳融资机会的选择

所谓融资机会，是指由有利于企业融资的一系列因素所构成的有利的融资环境和时机。

企业选择融资机会的过程，就是企业寻求与企业内部条件相适应的外部环境的过程，这就有必要对企业融资所涉及的各种可能影响因素做综合具体分析。

一般来说，要充分考虑以下几个方面：

（1）由于企业融资机会是在某一特定时间所出现的一种客观环境，虽然企业本身也会对融资活动产生重要影响，但与企业外部环境相比较，企业本身对整个融资环境的影响是有限的。在大多数情况下，企业实际上只能适应外部融资环境而无法左右外部环境，这就要求企业必须充分发挥主动性，积极地寻求并及时把握住各种有利时机，确保融资获得成功。

（2）由于外部融资环境复杂多变，企业融资决策要有预见性，为此，企业要能够及时掌握利率、汇率等金融市场的各种信息，了解国内外宏观经济形势、国家货币及财政政策，以及国内外政治环境等各种外部因素，合理分析和预测能够影响企业融资的各种有利和不利条件，以及可能的各种变化趋势，以便寻求最佳融资时机，果断决策。

（3）企业在分析融资机会时，必须要考虑具体的融资方式所具有的特点，并结合本企业自身的实际情况，适时制定出合理的融资决策。比如，企业可能在某一特定的环境下，不适合发行股票融资，却可能适合银行贷款融资；企业可能在某一地区不适合发行债券融资，但在另一地区却可能相当适合。

3. 中小企业正确融资决策的原则

实践中，有的中小企业在融资过程中没有明确的计划，盲目性很大，抱着侥幸的心理误打误撞，对投资方不加鉴别全面接触，让许多招摇行骗的投资中介或投资公司有机可乘。后果严重的导致企业蒙受重大损失，影响了企业的正常发展；轻者也使企业浪费了不少的人力和财力。

此外，由于有的中小企业对融资的难度缺乏充分的心理准备，一旦几次融资行动受挫，便放弃了融资计划，错失了一些可能成功的引资机会，延缓了企业发展的步伐。因此，企业在正式融资之前要制定一个指导企业融资行为的融资计划书，其中包括融资决策的指导原则和其他一些融资行为准则，目的在于确保企业融资活动顺利进行。

通常，融资决策要坚持这几个原则：收益与风险相匹配原则、融资规模量力而行原则、控制融资成本最低原则、遵循资本结构合理原则、测算融资期限适宜原则、保持企业有控制权原则及选择最适合的融资方式原则。

总之，中小企业必须善于分析内外环境的现状和未来发展趋势对融资渠道和方式的影响，从长远和全局的视角来选择融资渠道和融资方式。

融资渠道的选择

融资渠道，指协助企业的资金来源，主要包括内源融资和外源融资两个渠道。随着技术的进步和生产规模的扩大，单纯依靠企业内部融资已经很难满足企业的资金需求。企业外部融资成为企业获取资金的重要方式。

1. 风险投资：创业者的“维生素 C”

在英语中，风险投资的简称是VC，与维生素C的简称VC如出一辙，而从作用上来看，两者也有相同之处，都能提供必需的“营养”。

广义的风险投资，泛指一切具有高风险、高潜在收益的投资；狭义的风险投资，是指以高新技术为基础，生产与经营技术密集型产品的投资。

> 重庆江北通用机械厂从 1995 年开始研制生产大型氟里昂机组新产品，其具有兼容功能，并可以用其他冷冻液进行替代。由于银行对新产品一般不予贷款，于是，重庆某风险投资公司提供了 100 万元贷款。两年后，江北通用机械厂新产品销售额达 7000 万元。

2. 天使投资：创业者的“婴儿奶粉”

所谓天使投资，是自由投资者或非正式风险投资机构，对处于构思状态的原创项目或小型初创企业进行的一次性的前期投资。

天使投资虽是风险投资的一种，但两者有着较大差别：天使投资是一种非组织化的创业投资形式，其资金来源大多是民间资本，而非专业的风险投资商；天使投资的门槛较低，有时即便是一个创业构思，只要有发展潜力，就能获得资金，而风险投资一般对这些尚未诞生或嗷嗷待哺的“婴儿”兴趣不大。

对刚刚起步的创业者来说，既吃不了银行贷款的“大米饭”，又沾不了风险投资“维生素”的光，在这种情况下，只能靠天使投资的“婴儿奶粉”来吸收营养并茁壮成长。

牛根生在伊利工作期间，因为订制包装制品与谢秋旭成为好友。

当牛自立门户之时，谢作为一个印刷商人，慷慨地掏出现金注入初创期的蒙牛，并将其中的大部分股权以“谢氏信托”的方式“无偿”赠予蒙牛的管理层、雇员及其他受益人，而不参与蒙牛的任何管理和发展安排。最终，谢秋旭也收获不菲，380 万元的投入获得了近三百倍的回报。

3. 创新基金：创业者的“营养餐”

近年来，我国的科技型中小企业的发展势头迅猛，已经成为国家经济发展新的重要增长点。同时，这些处于创业初期的科技型中小企业在融资方面所面临的迫切要求和融资中困难的矛盾，也成为政府致力解决的重要问题。

有鉴于此，结合我国科技型中小企业发展的特点和资本市场的现状，科技部、财政部联合建立并启动了以政府支持为主的科技型中小企业技术创新基金，以帮助中小企业解决融资困境。创新基金已经越来越多地成为科技型中小企业融资可口的“营养餐”。

4. 中小企业担保贷款：创业者的“安神汤”

一方面中小企业融资难，大量企业嗷嗷待哺；一方面银行资金缺乏出路，四处出击，却不愿意贷给中小企业，究其原因主要在于，银行认为为中小企业发放贷款，风险难以防范。然而，随着国家政策和有关部门的大力扶植、担保贷款数量的激增，中小企业担保贷款必将成为另一条有效的中小企业融资之路，为创业者“安神补脑”。

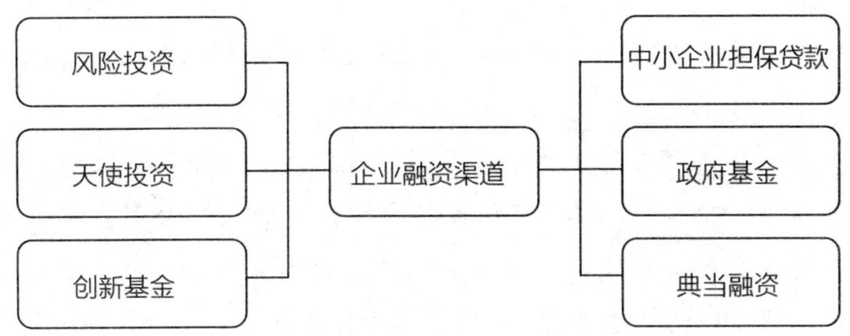

图 10–1 企业融资渠道

上海一家高科技公司属国内一流艺术灯光景观建设专业企业，开发了数十项产品。在强大的科技研发能力支持下，该公司业务发展迅速。与业务发展相伴而行的则是资金困境。工程类企业的行业特点是资金回笼速度慢，营运资金占用情况严重。但由于公司规模较小，又缺乏与银行合作的信用记录，获得银行中小企业融资困难重重。

2005 年底，该企业得到中投保提供保证担保的 80 万元流动资金贷款，由此，该公司取得了快速发展，2007 年 7 月，该公司中标 2008 年北京奥运场馆照明工程合同。

5. 政府基金：创业者的"免费皇粮"

近年来，政府充分意识到中小企业在国民经济中的重要地位，尤其是各省市地方政府，为了增强自己的竞争力，不断采取各种方式扶持科技含量高的产业或优势产业。为此，各级政府相继设立了一些政府基金予以支持。这对于拥有一技之长又有志于创业的诸多科技人员，特别是归国留学人员是一个很好的吃"免费皇粮"的机会。

2001 年，在澳大利亚留学和工作了 14 年的施正荣博士，带着自己10多年的科研成果回到家乡无锡创业。当无锡市有关领导得知施正荣的名声，和他的太阳能晶硅电池科研成果在国内还是空白时，立即拍板要扶持科学家做老板。

在市经委的牵头下，无锡市政府联合当地几家大国企投资800万元，组建了无锡尚德太阳能电力有限公司。有了政府资金的鼎力支持，尚德公司有了跨越式发展，仅仅3年时间销售额已经过亿元，成为业界明星企业。

6. 典当融资：创业者的“速泡面”

风险投资虽是天上掉馅饼的美事，但只是一小部分精英型创业者的“特权”；而银行的大门虽然敞开着，但有一定的门槛。“急事告贷，典当最快”，典当的主要作用就是救急。

与作为主流中小企业融资渠道的银行贷款相比，典当融资虽只起着拾遗补阙、调余济需的作用，但由于能在短时间内为中小企业融资者争取到更多的资金，因而被形象地比喻为“速泡面”，正获得越来越多创业者的青睐。

周先生是位通讯设备代理商，前段时间争取到了一款品牌新手机的代理权，可是问题在于要在三天内付清货款才能拿货，而他的大部分资金已投资到另一商业项目上。他不甘心失去这得来不易的代理权，于是想起了自己的那辆宝马车。

周先生把车开到了典当行，业务员了解情况后告诉他：当天就可以办理典当拿到资金。周先生大喜过望，立即着手办理典当手续，交纳相关证件、填表、把车开到指定仓库、签合同，最后领到当金。不出半天的工夫，他就拿到了他急需的50万元。一个月后，周先生赎回了自己的宝马车，并且利用这笔当金赚了近10万元。

企业重组，提升竞争力

企业重组，是对企业的资金、资产、劳动力、技术、管理等要素进行重新配置，构建新的生产经营模式，使企业在变化中保持竞争优势的过程。

2003年4月24日，由上海一百（集团）有限公司、华联（集团）有限公司、友谊（集团）有限公司、物资（集团）总公司四家企业归并整合而成的上海百联（集团）有限公司成立，年销售额超过500亿元，成为国内商业航母级企业。

在扩张的范围方面，百联制定了立足上海、登陆长三角、延伸华东、拓展全国的发展战略，它的目标是成为中国第一、世界一流的流通产业集团。

在业态上，百联实施组团式业态发展策略。一是探索组团式发展的方式与积极扩大战略联盟并举，实现了资源互补；二是业态结构调整与发展并举，提高了市场竞争力；三是采取多种形式的途径进行扩张，如采取重组、自建直营店、合作联盟、特许加盟、输出管理等方式进行快速扩张；四是以功能互补的方式实施局部扩张。百联集团重组后，拥有百货、购物中心、超市商业、专业专卖、物流、商业房产、投资和汽车等八大板块，几乎涉及商业领域的所有板块。

百联集团基本涵盖了生活资料和生产资料的全部经营业态，直接和间接控股百联股份、物贸股份、友谊股份、第一医药、联华超市等5家上市公司，经营网点以上海为中心，辐射全国25个省、自治区和直辖市，共7000家，从业人员25万。

2016年8月，百联集团在“2016中国企业500强”中排名第121位。2017年5月26日，阿里巴巴集团与易果生鲜签订《股权转让合同》，阿里巴巴集团向易果生鲜收购联华超市18%的内资股股权，成为联华超市第二大股东。

广义的企业重组，包括企业的所有权、资产、负债、人员、业务等要素的重新组合和配置。

狭义的企业重组，是指企业以资本保值增值为目标，运用资产重组、负债重组和产权重组方式，优化企业资产结构、负债结构和产权结构，以充分利用现有资源，实现资源优化配置。

企业是各种生产要素的有机组合。企业的功能在于把各种各样的生产要素进行最佳组合，实现资源的优化配置和利用。在市场经济条件下，企业的市场需求和生产要素是不断变化的，特别是在科学技术突飞猛进、经济日益全球化、市场竞争加剧的情况下，企业生存的内外环境的变动趋于加快，企业要在这种变动的环境中保持竞争优势，就必须不断地进行竞争力要素再组合，企业重组就是要素再组合的一种手段。

企业重组的方式是多种多样的。目前我国企业重组实践中通常存在两个问题：一是片面地理解企业重组为企业兼并、企业重组或企业扩张，而忽视其售卖、剥离等企业资本收缩的经营方式；二是混淆合并与兼并、剥离与分立等方式。

1. 合并

企业合并，是指两个或更多企业组合在一起，原有所有企业都不以法律实体形式存在，而建立一个新的公司。如将A公司与B公司合并成为C公司。

2. 兼并

企业兼并，是指两个或更多企业组合在一起，其中一个企业保持其原有名称，而其他企业不再以法律实体形式存在。

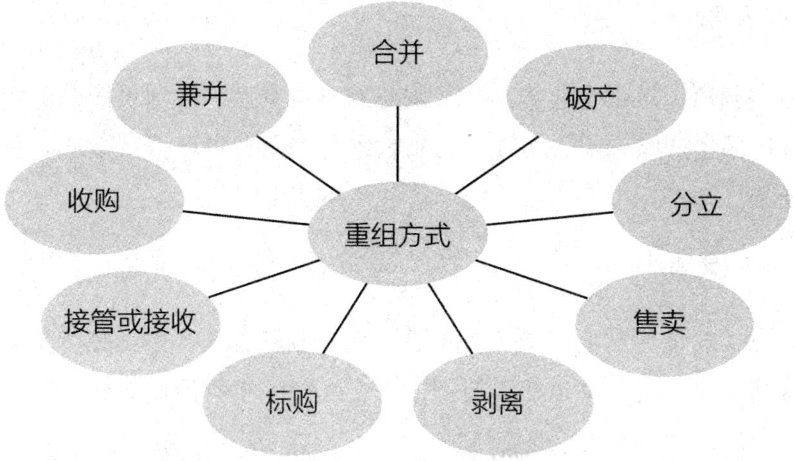

图 10-2 企业重组的方式

3. 收购

收购，是指一个企业以购买全部或部分股票（或称为股份收购）的方式购买了另一企业的全部或部分所有权，或者以购买全部或部分资产（或称为资产收购）的方式购买另一企业的全部或部分所有权。

4. 接管或接收

接管或接收，是指某公司原具有控股地位的股东（通常是该公司最大的股东）由于出售或转让股权，或者股权持有量被他人超过而控股地位旁落的情况。

5. 标购

标购，是指一个企业直接向另一个企业的股东提出购买他们所持有的该企业股份的要约，以达到控制该企业目的的行为。这发生在该企业为上市公司的情况。

6. 剥离

剥离，是指企业将其部分闲置的不良资产、无利可图的资产或产品生产线、子公司或部门出售给其他企业以获得现金或有价证券。

7. 售卖

根据上述剥离含义，售卖是剥离的一种方式。售卖是指企业将其所属的资产（包括子公司、生产线等）出售给其他企业，以获取现金和有价证券的交易。

8. 分立

所谓分立，是指公司将其在子公司中拥有的全部股份按比例分配给公司的股东，从而形成两家相互独立的股权结构相同的公司。

9. 破产

破产，具体地说，是指企业长期处于亏损状态，不能扭亏为盈，并逐渐发展为无力偿付到期债务的一种企业失败。

在市场竞争中，对企业长远发展最有意义的是建立在企业核心竞争力基础之上的持久的竞争优势。企业的竞争优势是企业盈利能力的根本保证，没有竞争力的企业连基本的生存都得不到保证，更谈不上发展。

所以，通过企业内部各种生产经营活动和管理组织的重新组合，以及从企业外部获得企业发展所需要的各种资源和专长，培育和发展企业的核心竞争力，是企业重组的最终目的。

并购加快企业成长和扩张

企业并购，是指企业通过购买目标企业的股权或资产，控制、影响目标企业，以增强企业的竞争优势，实现价值增值。当前，并购已成为企业外部扩张与成长的重要途径之一。

企业并购是现代经济生活中企业自我发展的一个重要内容，是市场经济条件下企业资本经营的重要方面，通过并购，企业可以有效实现资源合理配置，扩大生产经营规模，实现协同效应，降低交易成本，并可以提高企业的价值。

2004年12月8日，联想集团以总价12.5亿美元收购了IBM的全球PC业务。在这场中国并购市场上前所未有的大宗并购案中，总共12.5亿美元的收购价格，联想集团采用了“6.5亿美元现金+6亿美元联想股票”的支付方式。

联想集团2005财年第一季度业绩显示：整体营业额为58.78亿港元，较去年同期上升10%，净利润大幅增加21.1%。而此前IBM向美国证交会提交的文件显示，其个人计算机业务已持续亏损达三年半之久，累计亏损额近10亿美元。

“一个是年利润超过10亿港元，承担着巨额税负的新锐企业，一个是累计亏损额近10亿美元、亏损可能还在持续上涨但亏损递延及税收优惠仍有待继续的全球顶尖品牌，在这样一个时段，这样一种状况，两者走到一起，不单纯是一种业务上的整合，更大程度上带有税收筹划的色彩。”

此外，联想为何采用“6.5+6”的组合支付方式呢？其考虑是：如果全部现金收购，联想一时付出12.5亿美元的现金压力太大；如果全部换股，按照6亿美元的联想股票相当于18.5%左右的股份来计算，全部换购后，IBM将持有联想集团 38.5%的股份，联想控股所拥有的股份将减少为 25%，这样一来，将不是联想并购了IBM的PC，而是变成了IBM吃掉了联想。

在日益兴盛的企业并购活动中，并购企业如何选择并购目标及出资方式，需要进行全面考虑、整体筹划。在实际并购中，如何通过具体的操作实现利益最优，正成为被广泛关注的问题。

1. 企业并购的动因

在具体实务中，并购的动因，归纳起来主要有以下几类：

（1）扩大生产经营规模，降低成本费用。

通过并购，企业规模得到扩大，能够形成有效的规模效应。规模效应能够带来资源的充分整合和充分利用，降低管理、原料、生产等各个环节的成本，从而降低总成本。

（2）提高市场份额，提升行业战略地位。

规模大的企业，伴随着生产力的提高、销售网络的完善，市场份额将会有比较大的提高。从而确立企业在行业中的领导地位。

（3）取得充足、廉价的生产原料和劳动力，增强企业的竞争力。

通过并购扩大企业的规模、成为原料的主要客户，能够大大增强企业的谈判能力，从而为企业获得廉价的生产资料提供可能。同时，高效的管理、人力资源的充分利用和企业的知名度都有助于企业降低劳动力成本，从而提高企业的整体竞争力。

（4）实施品牌经营战略，提高企业的知名度，以获取超额利润。

品牌是价值的动力。同样的产品，甚至是同样的质量，名牌产品的价值远远高于普通产品。并购能够有效提高品牌知名度，提高企业产品的附加值，获得更多的利润。

（5）为实现公司发展的战略，通过并购取得先进的生产技术、管理经验、经营网络、专业人才等各类资源。

并购活动收购的不仅是企业的资产，而且获得了被收购企业的人力资源、管理资源、技术资源、销售资源等。这些都有助于企业整体竞争力的提高，对公司发展战略的实现有很大帮助。

（6）通过收购跨入新的行业，实施多元化战略，分散投资风险。

这种情况出现在混合并购模式中，随着行业竞争的加剧，企业通过对其他行业的投资，不仅能有效扩大企业的经营范围，获取更广泛的市场和利润，而且能够分散因本行业竞争带来的风险。

2. 并购的一般程序

一般来说，企业并购都要经过前期准备阶段、方案设计阶段、谈判签约和接管整合四个阶段。

（1）前期准备阶段。

企业根据发展战略的要求制定并购策略，初步勾画出拟并购的目标企业的轮廓，如所属行业、资产规模、生产能力、技术水平、市场占有率等，据此进行目标企业的市场搜寻，捕捉并购对象，并对可供选择的目标企业进行初步的比较。

（2）方案设计阶段。

根据评价结果、限定条件（最高支付成本、支付方式等）及目标企业的意图，对各种资料进行深入分析、统筹考虑，设计出数种并购方案，包括并购范围（资产、债务、契约、客户等）、并购程序、支付成本、支付方式、融资方式、税务安排、会计处理等。

（3）谈判签约阶段。

通过分析、甄选、修改并购方案，最后确定具体可行的并购方案。并购方案确定后，以其为核心内容制成收购建议书或意向书，作为与对方谈判的基础。若并购方案将买卖双方利益拉得很近，则双方可能很顺利地进入谈判签约阶段；反之，若并购方案远远达不到对方的要求，则会被拒绝，并购活动又重新回到起点。

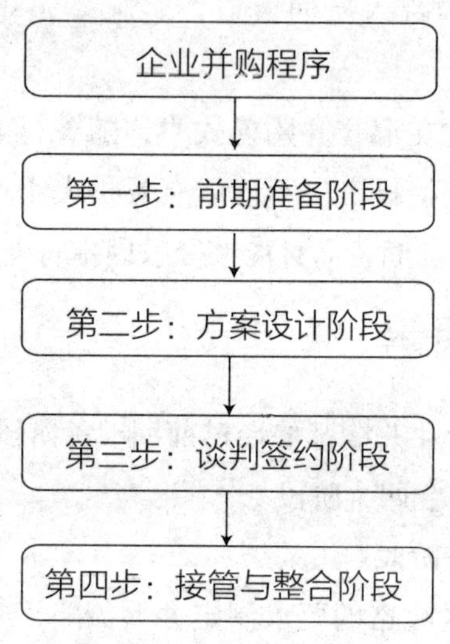

图 10-3　企业并购程序

（4）接管与整合阶段。

双方签约后，进行接管并在业务、人员、技术等方面对目标企业进行整合。并购后的整合是并购程序的最后环节，也是决定并购是否成功的重要环节。

总之，在市场经济条件下，公司并购已成为公司扩张的重要方式，由于其扩张速度远远超过通过内部成长扩张的速度，并购已成为企业的一种重要的财务活动。

章节小记

企业所有决策的目的，都是如何使企业目标最优化。例如：营利企业就是利润最大化，非营利慈善组织就是令某种非定量化目标最大化。对于财务决策来说，由于决策的影响是短期的，对于战略的因素考虑较少，而主要注重收益最大化，或在收入不变的情况下寻求成本最低。

财务决策的第一步就是确认最优化的目标：收益最大或成本最小；第二步就是在目标的制约下，根据资源和机会，设计备选方案；第三步，运用各种定性和定量的方法分析各方案的影响及其能够达到的目标；最后，比较各备选方案，选择其中最优的方案。这一最优的方案就是使目标最优化的方案。

决策是规划的基础，没有具体的决策结论，就无法做出相应的计划和预算，也无法进行相应的控制和考核。

第十一章

FINANCE

财务团队：管好管钱的人，才没有后顾之忧

一个成功的企业背后一定有一个优秀的财务团队。

在团队里，也许我们并不需要每个财务人员都异常聪明、具备高学历，却需要每个人都要具有强烈的责任心和事业心，对于过程中的每一个运作细节和每一个项目流程都要落到实处。

优秀的财务团队，良好的团队管理，才能最大限度地发挥财务管理功能，实现企业利益最大化。

财务部门的合理设置

现代市场经济中，企业作为营利性组织，其经营目标就是生存、发展和获利。离开财务管理，这些目标的实现就无从谈起了。

企业的财务部门，就是要根据公司的发展战略和规划，制定和实施公司融资方案、投资方案，分析资金利用水平、合理分配公司收益，并通过建立有效的财务管理制度，使上述行为得以有效规范地开展。而做好这一切工作的前提，就是设置一个给力的财务部门。

1. 合理设置财务岗位

大中型企业的财务岗位可分为：会计机构负责人（通常为CFO）或会计主管、出纳、财产物资核算、工资核算、成本费用核算、财务成果核算、资金核算、往来核算、总账报表、稽核、档案管理等。这些岗位可以一人一岗、一人多岗或一岗多人。

需要指出的是，为了加强内部控制，必须执行不相容岗位分离制度，比如出纳人员不得兼任会计、会计档案保管，以及收入、费用、债权债务的登记工作等。

对小企业来说，为降低企业管理成本，可以简化财务部门，但至少需要设置以下财务岗位：

（1）出纳和仓储保管。出纳主要负责企业资金的存取等，仓储保管负责企业产品或商品的入库、出库。

（2）会计。会计主要负责做账、记账和编制报表，以及企业纳税申报等。在企业规模较小时，也可以聘请专业的财务代理公司或代理记账公司。但企业内部也必须要有严格的记录，否则最后很可能成为一本糊涂账。

2. 健全财务管理制度

（1）建立健全财务制度。

无论是大企业还是小企业，都需要建立财务制度。对于大企业而言，可直接采用我国财政部2006年颁发的《企业财务通则》作为企业财务规范，分别建立财务决策制度、财务决策回避制度、财务风险管理制度及财务预算管理制度，构建完整的企业财务管理体制。

对于小企业而言，必须建立内部稽核制度和内部牵制制度、财务审批权限和签字制度、成本核算和财务会计的分析制度等。

（2）岗位轮换制度。

为了加强财务人员对企业各业务流程的熟悉程度，提高财务人员的业务素质和技术水平，企业应该要求会计人员在不同的工作岗位上有计划地进行轮换。岗位轮换也有利于加强会计监督，能够减少由于长期占据某一岗位可能发生的舞弊行为和差错情况。

甲公司主要从事矩阵产品的生产和销售。李经理特地聘请了自己的表妹负责现金出纳，请高中同学负责仓储保管。企业报表就请代理记账公司负责编制并代理纳税申报。三年来大家相安无事。

第四年，李经理的高中同学因家里有事请辞回乡，正好李经理的妻子办理内退，决定亲自到企业做现金出纳，表妹做仓储保管。

在妻子的建议下，公司对存货和货币资金进行了全面审查，结果发现，现金日记账中有将支付物业费、取暖费的收据复印重复入账现象，存货账本和实物相去甚远。

李经理没想到，表妹和同学都不是外人，却并不可靠。

任人唯亲只能给管理者一种心理安慰，但管理的规范还得靠制度来约束。长期没有约束的管理制度会给舞弊者以机会和诱惑。如果李经理能定期对货币资金和存货进行审查，并将二者岗位进行定期轮换，那么这种管理上的漏洞就可以有效避免了。

3. 充分发挥财务部门的职能

很多企业，尤其是中小企业的财务管理存在诸多问题，完全没有发挥财务部门应有的职能和作用。这主要表现在以下几个方面：

（1）出资人管理企业，全而不专。

中小企业通常是自己出资、自己经营，最大的股东直接负责企业的经营管理，其优点在于企业决策灵活、及时，且具有更强的责任心；缺点在于企业管理者通常缺乏专业管理知识和财务知识，对财务管理工作的参与并不能提高财务管理的效率和水平。初创期的企业负责人往往会表现出面面俱到、“胡子眉毛一把抓”的特点，容易造成企业财务管理部门从建立起就混乱不清的现象。

（2）重视销售与技术，忽视财务管理。

中小企业通常以市场作为公司重点，销售额达到一定规模时则注重新产品的研发，结果是常常忽视财务管理的重要性及其对企业的管理作用。

这一方面是由于企业经营初期，资本有限，资本金少；另一方面还是由于企业负责人缺乏财务理念。从长远角度看，企业要取得快速发展，必须依赖财务管理。

（3）缺乏高素质的财务管理人才。

受企业规模和性质的限制，中小企业往往难以聘任到高素质财务管理人员。而且由于中小企业的家族性质、强调“忠诚度”和“可靠度”等，表现在财务人员的聘用上，则更倾向于“任人唯亲”，也使优秀的财务人员难以留任。这些在一定程度上影响了企业财务管理职能的发挥。

财务部门的设置，是做好财务管理工作的前提，企业老板应为财务管理人员提供良好的财务制度和财务环境，这样才能使财务管理工作事半功倍。

聘用最合适的财务人员

在知识经济时代里，人力资源已经成为企业经济发展中的第一资源，竞争已不单是产品和服务的竞争，而更直接地表现为人才的竞争。因此，招聘工作尤其是财务人员的招聘，越来越受到企业老板的重视。

如何在众多的应试者中选择最合适的财务人员，这是企业老板和管理者在不断探索解决的重要问题。

一般来说，企业财务人员招聘要注意以下几点。

1. 专业必须对口

财务部门作为企业的组成部分，在企业的运转过程中，起到了不可或缺的作用。所以财务人员必须具有财务专业的背景，这一点得到了大多数企业的肯定。最近一项调查显示，90%以上的财务单位认为，“专业对口”是挑选人才时最主要的因素。

2. 工作经验丰富

财务人员从事财务会计的实际工作经历，不仅是实际财务工作的经验积累，也关系着财务人员自身的发展。

> 刘先生从2001年正式辞去银行的“铁饭碗”后，花了10年时间学习和沉淀，也正是这10年的积累，让他的人生和事业迈上了一个新台阶。10年后的他，在一家上市公司担任财务总监，年收入是10年前的50多倍。
>
> 2006年3月，刘先生进入一家民营企业，担任财务管理部部长。他不仅在专业知识方面，在企业管理和部门管理方面都得到了很大提升。研读名人管理书籍，使他学习领悟了不少管理精髓，并将这些管理思想运用到实践工作中，将书本的知识真正转化成自己的思想和行动。
>
> 刘先生一直以来的职业目标，是做最专业的职业经理人。2011年刘先生选择了一家热情邀请自己的上市公司，担任财务总监，领导着拥有5家控股子公司的上市公司财务团队，财务人员超过40人。刘先生靠他的财务工作经验，实现了自己的人生目标。

刘先生的例子说明，财务工作经验是一个积累的过程，只要坚持学习、不断努力，不仅自身能有所发展，也能给企业带来效益和财富。

3. 学习和适应能力强

会计人员的适应能力是用人单位很看重的，适应能力包括用所学的理论知识适应实际工作情况的主动性，还包括能融洽地协调人际关系。一般来说，企业希望应聘者能初步了解企业所属行业的最新发展动态，而不仅限于书本上的条条框框。

例如：一位去应聘物流公司会计助理的会计专业本科生，在面试时，居然不知道SAP（国际上流行的先进管理系统），最后被人婉拒。其实这只需稍微关注一下行业内的最新动态就略知一二了。

4. 人品是考核重点

会计工作天天与金钱打交道，往往会给一些经不起金钱诱惑之人带来可乘之机。因此，要求财务会计人员必须具备很好的品行，诚实做人、朴实本分、不慕虚荣。一家企业负责招聘的工作人员介绍，“尽管无法用一个量化指标来完成，但对于财务人员的人品是必须考核的。”

会计工作往往处理一些很烦琐的细节性问题，要求从业者必须踏踏实实、勤勤恳恳，有一个良好的心态，能够并愿意把一点一滴的小事做好。

5. 细心谨慎

会计工作与数字为伍，工作内容很细微却往往责任重大，因此必须细心谨慎。这也许是为什么企业多招聘女性担任财务工作的缘故。

6. 沟通能力良好

财务会计部门一般是企业的一个综合性管理部门，要和企业内外方方面面的人进行接触，因此必须学会如何与别人沟通协调。良好的语言表达、逻辑思维和待人热情周到也是会计人员的基本素质要求。

总之，“最合适的”往往会比“最好的”更重要。企业财务人员招聘工作，需要企业老板和管理者结合公司具体实践，在企业价值观的引导下，从分析工作角度和分析人两大角度来进行。

财务人员的绩效管理

所谓绩效管理，是指管理者与员工之间就目标与如何实现目标达成共识的基础上，通过激励和帮助员工取得优异绩效，从而实现组织目标的管理方法。绩效管理的目的，在于通过激发员工的工作热情和提高员工的能力、素质，以达到改善公司绩效的效果。

绩效管理看起来很简单，只要做到奖惩分明就差不多了，实则不然。绩效管理有很多学问和技巧。

这是历史上一个制度建设的著名例证。

18 世纪末期，英国政府决定把犯了罪的英国人统统发配到澳洲去。

一些私人船主承包从英国往澳洲大规模地运送犯人的工作。英国政府实行的办法是以上船的犯人数支付船主费用。当时那些运送犯人的船只大多是由一些很破旧的货船改装的，船上设备简陋，没有什么医疗药品，更没有医生，船主为了牟取暴利，尽可能地多装人，使船上条件十分恶劣。一旦船只离开了岸，船主按人数拿到了政府的钱，对于这些人能否远涉重洋活着到达澳洲就不管不问了。有些船主为了降低费用，甚至故意断水断食。3 年以后，英国政府发现：运往澳洲的犯人在船上的死亡率达 12 %，其中最严重的一艘船上 424 个犯人死了 158 个，死亡率高达 37 %。英国政府费了大笔资金，却没能达到大批移民的目的。

英国政府想了很多办法。每一艘船上都派一名政府官员监督，再派一名医生负责犯人和医疗卫生，同时对犯人在船上的生活标准做了硬性的规定。但是，死亡率不仅没有降下来，有的船上的监督官员和医生竟然也不明不白地死了。原来一些船主为了贪图暴利，贿赂官员，如果官员不同流合污就被扔到大海里喂鱼了。政府支出了监督费用，却照常死人。

政府又采取新办法，把船主都召集起来进行教育培训，教育他们要珍惜生命，要理解去澳洲开发是为了英国的长远大计，不要把金钱看得比生命还重要，但是情况依然没有好转，死亡率一直居高不下。

一位英国议员认为是那些私人船主钻了制度的空子。而制度的缺陷在于政府给予船主报酬是以上船人数来计算的。他提出从改变制度开始：政府以到澳洲上岸的人数为准计算报酬，不论你在英国上船多少人，到了澳洲上岸的时候再清点人数支付报酬。

问题迎刃而解。船主主动请医生跟船，在船上准备药品，改善生活，尽可能地让每一个上船的人都健康地到达澳洲。因为一个人就意味着一份收入。

自从实行上岸计数的办法以后，船上的死亡率降到了1%以下。有些运载几百人的船只经过几个月的航行竟然没有一个人死亡。

这个故事告诉我们，绩效考核的导向作用很重要，企业的绩效导向决定了员工的行为方式，如果企业认为绩效考核是惩罚员工的工具，那么员工的行为就是避免犯错，而忽视创造性。忽视创造性，就不能给企业带来战略性增长，那么企业的目标就无法达成。如果企业的绩效导向是组织目标的达成，那么员工的行为就趋于与组织目标保持一致，支持组织目标的达成。

具体到财务人员的绩效考核，可以从考核的主体和方法两方面来确定和加强这种导向作用。

1. 财务人员绩效考核主体的选择

现代企业中财会岗位日趋复杂，财会人员所承担的责任也越来越重，导致工作岗位的细分和一些特殊财会岗位的出现，这些都给绩效考核的实施带来相当大的困难。

在考核主体或评定者的选定上，仅仅凭借一个人的观察和评价是很难对员工的绩效做出全面公正的判断的。因此，企业在实施绩效考核的过程中，对考核主体或评定者的选择也应该是多方面的。

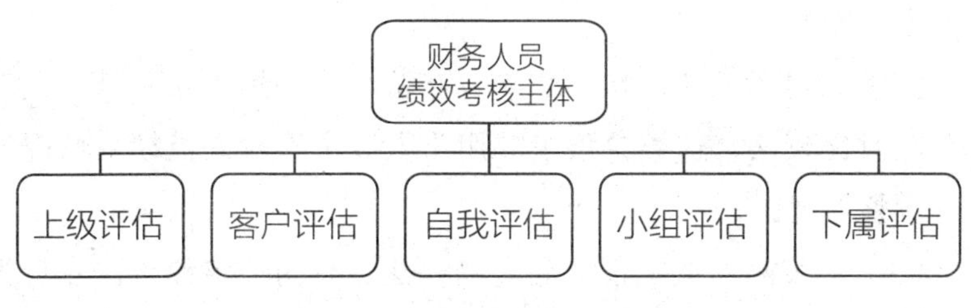

图 11-1 财务人员绩效考核主体

（1）上级评估。无论是传统还是现代的绩效考核，上级管理者对员工评估都是最常用的方法。

（2）客户评估。虽然企业外部的信息需求者对财会部门的工作成果进行评估，实施起来有相当的难度，考评主体的不确定性使得考核的过程不太容易控制，但它可以作为一个参考数据，从企业外部对财会人员的工作进行评价。

（3）自我评估。财会人员的自我评估在提高员工对绩效考核参与程度的同时，能给员工一个自我思考的机会，促使员工积极主动地去发现自己工作中存在的问题并努力改进，较之于外部测评者，自我评估会更大程度地使员工乐意参与到企业的经营管理中来。

（4）小组评估。尽管上级的评估信息是十分有价值的，但是，上级不可能随时随地观察到员工的工作过程，而与员工同一个小组的该部门的其他职员却是与其朝夕相处的，他们在一定程度上可能比上级更全面地了解这个员工。

（5）下属评估。下属评估这种方法被很多企业所采用，这种方法能够使上级主管了解到下属员工是如何评价他们的。

2. 财务人员绩效考核方法的选择

（1）事实记录法。事实记录法包括关键事件法、能力、绩效、态度记录法、指导记录法、沟通记录法，主要用于观察、记录考核的事实依据。

（2）相对考核法。包括强制分布法、人物标杆法、排序比较法、配对比较法，这类方法主要用于上级主管对人员绩效情况的整体调整与把握。

（3）量表测评法。包括问卷测评法、行为锚定评价法、行为观察量表法和素质测评法等。

（4）目标管理法。又叫成果管理法，其目的在于结合员工个人目标和组织目标，改进绩效考核，形成有效的激励。

（5）反馈评价法。由被评价者的上级、同事、下属和客户等对被评价对象了解、熟悉的人，不记名对被评价者进行评价，被评价者也进行自我评价，然后由专业人员向被评价者提供反馈，以帮助被评价者提高能力、水平和业绩的一种考核方法。

财务人员的职业道德建设

每个行业都有自己的职业道德。作为一名财务工作者，该具备怎样的职业道德呢？

曾经有人这样说过："会计人，因长于计算，所以精深；因职业禀赋，所以公正；因事务繁杂，所以勤勉；因责任重大，所以依赖高贵的灵魂。"这里所说的灵魂，正是我们所说的职业道德。

所谓财务人员的职业道德，其实也不难理解，无非就是职业品德、职业纪律、专业胜任能力及职业责任的总称。

在当前职业化的财务工作中，存在着玩忽职守、放任自流、账目混乱等问题。这些问题严重违反国家财经纪律，干扰经营管理秩序，丧失了会计职业职责。究其原因是由于会计人员的会计行为不规范、不忠于职守、不诚实公正、不廉洁自律造成的。

王某是山东省某投资公司的一名会计，丈夫是一家国有企业的技术人员，有一个活泼可爱的儿子。王某一家像城市中的许多人一样，过着平淡而充实的生活。当汽车、洋房成为都市人追逐的时尚时，王某他们对此没有太多的选择。安贫乐道，平安是福，在简单而又枯燥的生活中她有着自己的追求——梦想自己的孩子也像有钱人的孩子一样上名校、考大学、出国留学。在一次同学聚会时，王某看到自己的同学，发财的发财、升官的升官，想想自己学习不比他们差，水平不比他们低，结果工作单位平平，要地位没地位，要钱财没钱财，心里很不平衡。

闲谈中听到同学李小虎"炒股"发了大财，一年赚了100多万元，心里羡慕极了，也想炒点股票试一试，可是资金哪里来呢？同学们你一言，我一语，出谋划策。其中有个同学说："王某，你真是一个死心眼，你不是管着单位的钱吗？先拿来用一用，等赚了钱再还回去不就行了，这有什么难的，公款炒股，公款私存，不是很正常的吗？"听了同学的话，王某动摇了。第二天就挪用50万元资金投进了股市。贪婪一旦战胜理智，就如同洪水猛兽一般，一发而不可收。到事情败露前的5年间，王某利用提取现金不记账等手段累计挪用资金249.7万元，非法获利87.6万元。

一失足成千古恨。这位已为人母的王某，不得不面临6年的铁窗生涯。漫长的牢狱生活分明是在告诫会计人员应该自尊、自爱，自觉遵守国家的财经法规，廉洁自律。

那么，企业该如何加强财务人员职业道德建设呢？企业老板和管理者应该促成会计人员做到以下几点。

1. 敬业爱岗

热爱自己的职业，是做好一切工作的出发点。会计人员只有为自己建立了这个出发点，才会勤奋、努力地钻研业务技术，使自己的知识和技能适应具体从事的会计工作的要求。敬业爱岗，要求会计人员应有强烈的事业心、进取心和过硬的基本功。

由于会计工作的性质和任务，致使一些会计人员长年累月、周而复始地进行着算账、报账、编制报表等事务工作，天天与数字打交道，工作细致而烦琐，如果不耐劳尽责，缺乏职业责任感，就会觉得工作枯燥、单调、甚至讨厌，就谈不上热爱会计工作，更谈不上精通会计业务，也就搞不好会计工作。

2. 熟悉法规

会计工作不只是单纯地记账、算账和报账，会计工作时时、事事、处处涉及执法守纪方面的问题。会计人员不但自己应当熟悉财经法律、法规和国家统一的会计制度，还要能结合会计工作进行广泛宣传；做到在自己处理各项经济业务时知法依法、知章循章，依法把关守口。

3. 依法办事

严格实行会计监督，依法办事，是会计人员职业道德的前提。会计人员应当按照会计法律、法规、规章规定的程序和要求进行会计工作，保证所提供的会计信息合法、真实、准确、及时、完整。

要做到这一点并不容易，但会计人员的职业道德要求这样做，会计人员应该继续在这一点上树立自己职业的形象和职业人格的尊严，敢于抵制歪风邪气，同一切违法乱纪的行为作斗争。

4. 客观公正

会计人员在办理会计事务中，应当实事求是、客观公正。这是一种工作态度，也是会计人员追求的一种境界。

做好会计工作，无疑是需要专业知识和专门技能的，但这并不足以保证会计工作的质量，有没有实事求是的精神和客观公正的态度，也同样重要，否则，就会把知识和技能用错了地方，甚至参与弄虚作假或者通同作弊。

5. 搞好服务

会计工作的特点决定会计人员应当熟悉本单位的生产经营和业务管理情况，以便运用所掌握的会计信息和会计方法，为改善单位的内部管理、提高经济效益服务。

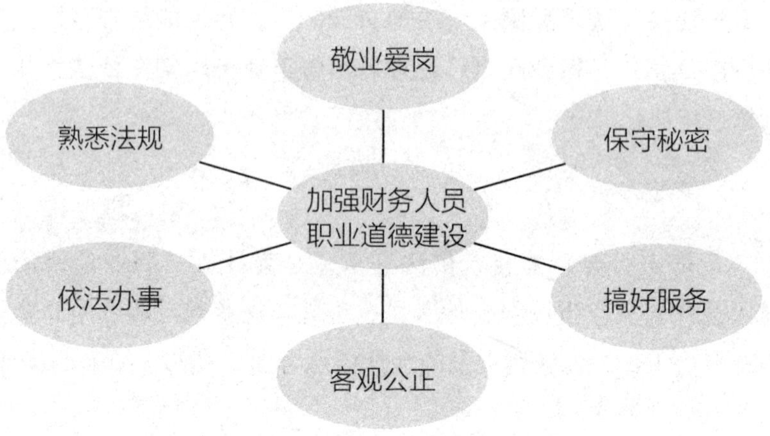

图 11–2　财务人员职业道德建设

6. 保守秘密

会计人员应当保守本单位的商业秘密。由于工作性质的原因，会计人员有机会了解到本单位的重要机密，如对企业说来，关键技术、工艺规程、配方、控制手段和成本资料等都是非常重要的机密，这些机密一旦泄露给明显的或潜在的竞争对手，会给本单位的经济利益造成重大的损害，对被泄密的单位是非常不公正的。

所以，泄露本单位的商业秘密，是一种很不道德的行为。会计人员应当确立泄露商业秘密是大忌的观念，对于自己知悉的内部机密，任何时候、任何情况下都要严格保守，不能信口吐露，也不能为了自己的私利而向外界提供。

对财务人员的监督和管理

近年来，商业道德和职业道德问题愈来愈成为社会公众关注的焦点。在会计行业中，财务人员的职业道德更是备受争议的。

财务人员职业道德，是财务人员应当遵守的行为规范和准则，更是衡量财务人员工作好坏的标准。在当今市场竞争日益激烈的经济环境中，企业对财务人员的职业道德管理是不容忽视的，对财务人员的行为约束显得尤为重要。

2009 年 6 月，甲集团派审计员老王进驻某公司，向出纳兼会计小霞催要 6 月份的银行对账单。说来也巧，此时正好有人到小霞处报支费用。老王发现小霞抽屉里放着许多发票，就问她为什么不将这些发票及时入账，同时又继续向小霞催要对账单。奇怪的是，小霞始终未将对账单交给老王。老王发现财务科长也有问题，不积极配合内审工作。随着内审的深入调查，真让他吓了一跳。老王发现公司的银行账户上仅剩下 1.6 万余元。他惊呆了，公司的账上竟然短缺钱款高达 100 多万元。

原来，小霞结婚后就一心支持老公做生意，可老公经营的糖烟酒批发生意，几年来以亏本而告终。事业无成，债主逼门，心灰意冷的老公渐渐地对足球彩票和体育彩票产生了兴趣，幻想中上 500 万大奖，彻底改变命运。小霞也感到买彩票不失为一个致富捷径。开始，夫妻俩还是小额购买彩票，几元、几十元乃至几百元不等，但中奖概率很低。小霞觉得如此下去，何年何月才能有出头之日？于是就动起了挪用公款的脑筋。

此外，老王还发现，公司财务科内控管理混乱，每个会计都可以收款。小霞出纳兼会计又收款又记账，职务上缺乏监控为舞弊打开了方便之门，小霞用从银行多提取资金、公司少入账的形式挪用现金5万元；用从银行提取资金、公司未入账的形式挪用人民币257万余元。与某公司财务主管相勾结，将公司银行账户上结余的上万元利息，采取不记账的方法，非法转出到个人腰包。

老王发现，从2003年1月至2008年12月间，公司仓库亏损3000件商品，价值700余万元，究其原因就是财务部门和仓库部门从来不对账，财务也不对仓库商品盘点造成的，再加上仓库保管员更换频繁，账目交接不清，材料入库单丢失严重，根本也对不上账。财务部门对工作没有责任心，公司领导也不过问，丢失、偷卖等现象相当严重。

从这个案例可以看出，小霞为什么能在三年期间贪污巨款，其根本原因在于公司缺乏一套相互牵制的约束机制。可见，企业加强对财务人员和财务工作的监管，是财务管理工作中不容忽视的一环。

1. 加强法制教育和思想道德工作，增强财务人员的自律能力

（1）加强法制教育，使财务人员充分感受到法律的神圣和庄严。“莫伸手，伸手必被捉”，使潜在的犯罪人员充分感受到法律的威慑力，认清犯罪行为及其法律后果。

（2）加强职业道德和职业素养。必须端正财务人员的思想，提高财务人员的整体素质，培养高尚的思想品德和大公无私的优秀品质，是从根本上预防职务犯罪的有效措施。

（3）采用典型进行宣传。通过抓先进典型进行宣传，引导鼓励树立正确积极的荣辱观，进行正面教育。

2. 建立健全规章管理制度，切实做到科学管理、规范管理

（1）建立健全企业内部管理体制。

（2）建立和完善科学的财务管理制度，针对企业具体情况制定科学的操作性强的财务管理制度及其实施细则。有一句话叫“细节决定成败”，有了健全的、科学的管理制度，就能使财务工作有章可循无漏洞可钻。

3. 建立完善的监督机制

没有监督的权力必然导致腐败。要强化财务人员的内部监督，企业内部的管理制度要严格执行，遵守程序，遵守纪律。同时，强化外部审计监督。

4. 选好用好财务工作人员

会计、出纳人员的选用非常重要，选用得好，给领导当好了助手，对企业的经营管理能起到积极的促进作用；选用得不好，会给企业带来很大的损失甚至灾难。

财务人员一定要具有相应的专业任职资格。同时，还要加强财务人员的继续教育学习和培训，努力提高其业务水平和能力。

5. 落实财务公开工作，增强财务公开性和透明度

财务工作虽然有一定的保密性，但必要的公开和透明，不仅不会扰乱财务管理、给工作形成障碍，反而通过接受公众的监督，使财务工作更加规范化、制度化，一定程度上保护了企业领导和财务工作人员。

监督财务人员工作，预防财务人员职务犯罪工作，任重而道远，如果对财务人员职务犯罪问题有了清醒的认识，再运用各种手段、途径、措施来提出对策，通过着力构建教育、制度、监督

相结合的惩治和预防体系，经济和社会的发展才能和谐稳定。

章节小记

对财务团队来说，有一个共同愿景十分必要。真正的共同愿景，是所有团队成员对这个愿景有自己感情上的联系，有个人利益的联系。也就是说，一个共同愿景的建立，是把团队中每个人自己的愿景和团队共同愿景结合在一起。

一个共同的愿景建立起来，不是一个下午、一天、一周就可以完成的事情。建立共同愿景的过程其实是不断进行的过程。从某种角度上说，建立一个共同愿景的过程，其实就是进行团队成员间讨论和交流的过程，这个过程就是人与人之间进行互动，真诚地和对方交流自己的想法。在团队中建立起共同愿景，这是提高财务团队凝聚力的最佳途径。

12

|第十二章|

F I N A N C E

财务审计：今天不审计，明天就可能被审问

财政部1999年抽查100家国有企业会计报表时，有81家虚列资产37.61亿元，89家虚列利润27.47亿元；2000年度会计信息质量抽查时，在被抽查的159家企业中，资产不实的有147户。这147户共虚增资产18.48亿元，虚减资产24.75亿元；虚增利润14.72亿元，虚减利润19.43亿元。

这些舞弊行为甚至案件的频繁发生，不仅使会计的诚信基础受到了严重挑战，而且也严重损害了投资者的投资信心。

企业的内部审计

企业的内部审计，是建立于企业内部、服务于管理部门的一种独立的检查、监督和评价活动，它既可用于对内部牵制制度的充分性和有效性进行检查、监督和评价，又可用于对会计及相关信息的真实、合法、完整，对资产的安全、完整，对企业自身经营业绩、经营合规性进行检查、监督和评价。

内部审计的内容是一个不断发展变化的范畴。现代内部审计的主要内容包括：财务审计、经营审计、管理审计及风险管理等。以下主要介绍一下财务审计。

由于内部财务审计主要是大型企业公司需求较多，所以，以下主要介绍一下集团公司的内部财务审计。

1. 集团企业内部财务审计的特性

（1）内部财务审计的内向性。

集团企业内部财务审计通常由集团财务部门、稽核(审计)部门组织人员完成。内部审计的目的在于促进集团内部公司经营管理和经济效益的提高，因而内部财务审计既要提供监督、评价，更要提供咨询、服务。

（2）内部财务审计程序相对简化。

由于内部财务审计人员对本集团的情况比较熟悉，在组织实施审计时，审计程序可以相对简化。一是内部财务审计计划可根据实际情况制订；二是内部财务审计针对性比较强，许多资料和调查都可以依赖内部审计人员的平时积累。

（3）内部财务审计的灵活性。

内部财务审计形式多样、灵活，既可进行例行内部财务审计，又可以进行内部财务专案（专项）审计；既可进行事后审计，又可进行事前（事中）审计。内部财务审计人员既可以根据需要，及时开展内部财务审计，还可以通过日常了解，及时发现下属公司管理中存在的问题或问题的苗头，采取应对措施，纠正已经出现和可能出现的问题。

2. 集团企业内部财务审计的作用

（1）内部财务审计的监督作用。

内部财务审计从分析下属公司各项财务数据入手，审查下属公司在经营过程中是否有违章、违规行为发生，将已发生或潜在的风险及时提示出来，进而对制度的合理性进行审查。审查制度的实时性、适用性、完善性，对一些不合理的、过时的、与业务发展不相匹配的制度予以修改、完善。

（2）内部财务审计的评价作用。

内部财务审计从评价内部控制制度入手，在企业经营管理的各个环节查找管理漏洞，识别并防范可控风险。审计人员还要加强对下属公司经营动态的实时跟踪，加强与下属公司的沟通和联系，定期分析指标来锁定疑点、洞察异常现象。

（3）内部财务审计的控制作用。

内部财务审计作为企业控制管理系统中一个重要组成部分，是内部控制的再控制。内部财务审计对企业的经济活动实行有效管理，并检查内部控制程度和效果，提出管理中存在的不足和问题并加以改进。

（4）内部财务审计的促进作用。

内部财务审计通过对有关财务数据的对比分析，揭示差异，分析差异形成的原因，评价经营业绩，总结经济活动的规律，从中揭示未被充分利用的人财物的内部潜力，并提出改进措施，可以极大地促进经济效益的提高。

3. 集团企业内部财务审计的实施

（1）制定内部财务审计计划。

在进行内部财务审计前，根据被审计公司的实际，结合集团年度财务计划，拟订审计计划。审计计划报集团领导批准后，即下发《内部财务审计通知书》，《内部财务审计通知书》一般应包含以下内容：审计目的、审计范围、审计方法、审计人员及审计时间，被审计单位填好回执后交审计人员作为审计底稿。

（2）内部财务审计具体实施。

开始进行内部财务审计时，审计人员应主动和被审计单位相关人员沟通，请被审计单位准确、及时、完整地提供预决算、合同协议、会计凭证、各类账簿等资料。审计人员要及时做好审计底稿；需要时，还要请被审计单位有关部门和人员提供相关证明材料。

（3）内部财务审计终结。

内部财务审计现场审计结束后，审计人员及时对工作底稿进行整理，形成《与被审单位交换意见书》，就审计中发现的问题及拟处理意见和被审计单位交换意见。审计人员在审计底稿、《与被审单位交换意见书》等资料的基础上形成最终的审计报告。如有必要，审计人员还要为被审计单位出具管理建议书。

（4）后续内部财务审计。

内部财务审计结束后，审计人员应持续关注被审单位对审出问题事项的整改和纠正情况，被审单位对提出改进管理、完善制度建议的采纳情况。必要时，进行后续内部财务审计。

主营业务收入的审计

主营业务收入是利润表的重要项目，报表使用者都十分重视该项目。主营业务收入的数据及其变动趋势，是评价被审计单位财务业绩的关键，是被审计单位产生经营活动现金流量的来源，是评价该公司市场竞争力、盈利能力的主要指标之一，因此收入操纵是公司十分常用的舞弊或粉饰方法。

先来看看以下虚增主营业务收入的案例。

审计人员在审查某钢铁厂销售发票时，发现某年12月31日售给金属材料公司钢材500吨，每吨售价1500元，销售收入共计750 000元，以应收账款入账。但检查当时库存产品时，发现并没有这么多的钢材。经向金属材料公司查询，证实交货和办理货款结算都是第二年的年初进行的。

根据以上审计线索，审计人员运用审阅法审阅“主营业务收入”“库存商品”等明细账，核对有关账目，抽查有关凭证，盘点产成品数量，并向被审计单位内外有关人员查询证实相应的问题。

该企业账面上年末销售产品500吨，其销售收入750 000元全部以应收账款入账，而成品库中当时没有这么多产成品。对此，审计人员应结合产成品明细账、应收账款明细账进行检查，确定是否属于虚构销售收入。

由于该项业务发生在年末，有两种可能：一是为了年终增加销售收入而开出空头发票虚列收入，下年初再以退货形式冲回，以达到虚增收入和利润的目的；二是为了扩大本期销售而将下年初销售业务提前入账。

因此，审计人员还应检查下年初是否有退货业务，并核对退货的入库凭证和退给对方货款取得的收据，以确定问题的真相。

对于这一虚构收入的情况，审计人员应明确向被审计单位提出。如果该企业已办妥结账工作，应告知企业将这笔销售利润在利润总额中冲减；如果该企业尚未办理结账工作，也应告知企业将这笔销售业务的有关分录用红字更正法更正。

营业收入审计是指对企业营业收入的真实性、合法性和正确性所进行的审查。开展营业收入审计，对促使企业提供真实、准确、完整的收入信息，提高企业经济效益、依法计算税利，维护社会经济秩序等方面都具有重要意义。

1. 营业收入审计的目标

确定记录的营业收入是否已发生，且与被审计单位有关；确定营业收入记录是否完整；确定与营业收入有关的金额及其他数据是否已恰当记录，包括对销售退回、销售折扣与折让的处理是否适当；确定营业收入是否已记录于正确的会计期间；确定营业收入的内容是否正确；确定营业收入的披露是否恰当。

2. 营业收入审计的一般程序

为了实现营业收入审计的目标，审计人员在审计时，应遵循以下一般程序：

（1）评审企业营业收入内部控制系统的健全性和有效性。评审时，审计人员应对如下要点进行审查：

①企业销售业务的不相容职务是否分离，企业的发货、退货、折让与折扣的制度是否健全、有效；

②企业营业收入是否实行计划管理，是否建立和执行收入目标管理责任制；

③企业营业收入是否实行合同控制，是否有专人负责合同的记录与控制工作；

④企业对浮动价格是否建立和执行严格的授权批准制度；

⑤企业营业收入是否建立和执行记账、对账和清账制度；

⑥企业营业收入是否建立发票的领用、开票和结算的制度等。

（2）分析企业营业收入总体的真实性和正确性。分析的重点，是确认企业营业收入总体的真实性和正确性。

（3）验证企业营业收入在会计报表上表达的公允性。验证的重点是：会计报表营业收入项目是否真实地反映企业营业收入的实际情况；营业收入的计价是否合规、正确；应在会计报表中披露的有关营业收入的事项是否已经适当披露。

（4）审查企业营业收入的真实性、合法性和正确性。审查的重点是：营业收入的确认、计算与记录是否真实、合法、正确。

（5）审查企业营业收入账务处理的合规性与正确性。审查的重点是：营业收入账务处理的依据资料是否真实、合法；账务处理的会计分录是否合规、正确；注意企业有无少记或隐瞒营业收入的问题。

3. 营业收入审计的意义

（1）促使企业正确核算营业收入，提供真实、准确、完整的收入信息。

通过营业收入审计，可以查阅各项收入的记录，核实产品销售的数量与计价，验算销售退回、销售折扣和销售折让，正确计算销售净收入，揭露营业收入业务中的舞弊行为，促使企业采取措施，纠正舞弊行为，调整账簿记录，如实反映企业营业收入的实际情况。

（2）促使企业加强营业收入管理，提高企业经济效益。

通过营业收入审计，可以发现企业在营业收入管理中的薄弱环节和失控点，揭示在营业收入业务中漏收或少收等情况，针对存在的问题，提出加强营业收入管理的建议和措施，促使企业完善内部控制系统，强化重要环节，增设必要控制点，健全营业收入责任制度。

（3）促使企业依法正确计算税利，维护财经法规。

营业收入的实现是企业计算税利的基础。通过营业收入审计，可以查明企业有无多计、少计或隐瞒收入的手段，有无人为调节企业税利的违纪行为；针对存在的问题，提出审计意见，促使企业按照国家有关规定正确核算企业收入，依法计算税利，及时足额地上缴税金；合理计算和分配利润，自觉地维护财经法规，正确处理国家、集体和个人的经济利益关系。

应收账款审计

应收账款是指企业因销售商品、产品或提供劳务而形成的债权，即由于企业销售商品、产品或提供劳务等原因，应向购货客户或接受劳务的客户收取的款项或代垫的运杂费，是企业在经营活动中所形成的各种债权性资产。

应收账款审计是企业财务审计中一项非常重要的内容。加强企业的应收账款审计，是做好资产、负债、损益审计工作的主要内容之一，这对于加速企业资金周转、减少资金占用、提高资金利用率，促进资产保值增值都具有重要意义。

2006 年 1 月，审计人员在对达成公司进行审计时，发现该单位“应收账款—甲公司”明细账从 2004 年年底至查账日一直保留 38 万元的余额。出于职业习惯，审计人员决心弄清这个账户的来龙去脉。

为此，审计人员追查了该账户的发生额情况，发现其在 2003 年 11 月 18 日用现金支票预付给甲公司货款 16 万元，2003 年 12 月 18 日用现金支票预付给甲公司货款 14 万元，2004 年 4 月和 8 月分别用现金支票预付给甲公司货款 38 万元，2004 年 12 月用现金缴存银行 30 万元，冲减预付给甲公司货款 30 万元，至 2004 年 12 月底该账户余额为 38 万元，并一直保留。

这究竟是怎么回事呢？该单位财务科长解释说，原准备到甲公司调一批货，预付了该批货的款项，后来由于本地的销售形势不好，故未购进这批货，经与甲公司协商，甲公司答应退回货款，但在退回 30 万元后，因该公司资金较紧张，故尚欠 38 万元还未退回。

从表面来看，属于业务上的往来，但事实果真如此吗？预付这么大金额的货款为何不通过转账支付？第一批货未到为何又要预付第二批、第三批货款呢？

为此，审计部门一方面派审计人员到甲公司调查核实；另一方面继续清查有关账户。经调查取证，甲公司账上并未反映预收到该公司的货款，也未发生退款业务。那么，预付的几笔现金到哪里去了呢？收回的现金又从何而来？

带着这些疑问，审计人员找来该单位领导进行询问。在铁的事实面前，该单位领导不得不道出实情。为列支一些不便于在账面列支的费用，2003年以预付货款的名义支取现金30万元以个人名义存入“清光储蓄所”，存定期1年，2004年到期已归还；2004年单位为配置手机等物品，又不便于在账上开支，所以又通过预付货款的名义支取现金38万元，以个人名义存入“清光储蓄所”，存定期1年。后因单位经济效益较好，且贷款利率不断降低，再加上同“清光储蓄所”的个人感情关系，为帮其完成储蓄任务，故一直未取出归还账上。

至此，该单位财务科长不情愿地把存款利息清单、收取存款手续费收据和一些开支单据全部如实交出，其中部分多余的利息收入已交单位财务，作“其他业务收入”入账。

通过以上案例我们可以发现，用“应收账款”“其他应收款”等往来账户套取现金进行公款私存是一种新的违纪动向。在该案例中，审计人员成功地运用了应收账款账龄分析法来发现公司应收账款的不正常现象。另外，对应收账款进行函证也是审计人员在审计应收账款时采用的一种重要的审计程序。

在目前经济环境下，应收账款的呆坏账普遍存在且数额较大，是审计人员需要特别关注的审计领域。而在应收账款审计工作中，尤其需要注意以下几个问题。

1. 应收账款入账金额是否准确

根据新会计准则的规定，在存在销售折扣与折让的情况下，应收账款的入账金额应采用总价法。审查中要注意是否有按净价法入账的情况，以达到推迟纳税的目的，对此，审计人员应复核有关销售发票，看其与应收账款、主营业务收入等账户记录是否一致。

2. 应收账款有无与应收票据、预付账款等科目混淆的现象

此种情况会造成核算不实、不准确。审计时，可按新会计准

则规定的核算内容进行逐项核对。

3. 是否虚增应收账款以调节利润、夸大经营成果

此种情况主要是企业将未实现销售的产品做虚假销售，而将这部分“收入”通过“应收账款”科目挂账。审计时，应重点审查分析原始凭证及科目对应关系。

4. 是否利用“应收账款”科目转移资金

有些企业为了达到某种目的，故意将本企业资金或产成品（商品）以“销售”或“劳务”“外借”等名义转移到外地某关系单位，然后通过该关系单位的配合将这部分资金、物资挪作他用或者私分。审计时，可发函询证，或检查销货发票、出库单等原始凭证。

5. 是否少提或多提坏账准备，人为调节利润

新会计准则规定，计提坏账准备的企业，年终按应收款余额的3‰～5‰的比例计提并计入“管理费用”科目。这样，有些企业为了调节利润就采取虚增、虚减应收账款余额或扩大、缩小计提比例等手法来多提或少提坏账准备。

6. 坏账损失的确认及其账务处理是否符合准则规定

在实际工作中，坏账损失的确认难度较大，情况比较复杂，这就给一些企业弄虚作假、营私舞弊带来可乘之机。所以，必须对坏账损失的确认和处理严格审计，防止违纪现象的发生。审计时，应重点分析应收账款的账龄，查询债务单位是否有偿还能力，回收措施是否得力，核销坏账的证据是否充分等。

应付账款审计

应付账款是企业在正常经营过程中，因购买材料、商品和接受劳务供应等而应付给供应单位的款项。

应付账款审计是采购与付款循环审计中的核心部分，是审计风险较大的项目之一。很多企业尤其是上市公司利用应付账款隐瞒负债、少计利润的情况层出不穷，以下就应付账款的常见问题进行介绍。

1. 应付账款的审计目标

确定期末应付账款是否存在；确定期末应付账款是否为被审计单位应履行的偿还义务；确定应付账款的发生及偿还记录是否完整；确定应付账款期末余额是否正确；确定应付账款的披露是否恰当。

2. 应付账款的造假手段及常见问题

（1）应付账款长期挂账。

应付账款的长期挂账，主要表现在企业的若干“应付账款”明细款项长期未付而挂账，有的属于合同纠纷或缺乏偿债能力无力偿还；有的属于销货单位消亡而无从支付的情况，这种情况下，被审计单位极易隐瞒利润，虚增债务。

（2）利用应付账款贪污现金折扣。

有些企业在支付货款符合现金折扣的条件下，按总额支付，然后从对方套取现金私分或留存“小金库”。按规定，当赊购业务发生时，被审计单位应按照总价法对应付账款入账。在折扣期内支付货款时，对享有的现金折扣应予以扣除，以折扣后的金额付款。但有些企业付款时，对享有的现金折扣不予扣除，通过以下方式套取现金折扣，即借：应付账款—××单位（总价）；贷：银行存款，之后，再从销货单位拿取折扣的部分。

（3）利用应付账款隐瞒退货。

企业向供货单位购买货物后，取得了蓝字发票，但后又因故把货物退回，取得了红字发货票，而作弊人员用蓝字发票计入应付账款，而将红字发票藏匿、隐瞒，然后寻机转出，贪污“应付账款”。

（4）利用存货偿还债务的方式隐瞒收入，少交增值税。

有的企业用存货抵偿债务，不通过存货销售核算，隐瞒存货销售收入，偷漏增值税。正确的做法是：

应按应付款项的账面余额，借：应付账款；贷：库存商品/原材料；贷：应交税金—应交增值税(销项税额)科目。若有差额，借记“营业外支出—债务重组损失”科目，或者贷记“资本公积—其他资本公积”科目。很多被审计企业用存货抵顶债务的这种方式，通常做“借：应付账款；贷：库存商品”的会计分录，故意不做销售，不计增值税（销项税）。

注册会计师A在审计甲公司2000年度会计报表将近结束时，甲公司财务主管提出不必抽查2001年付款凭证来证实2000年度的会计记录，其理由如下：2000年度的有些发票因收到太迟，不能记入12月份的付款记账凭证，公司已经全部用转账分录入账；年后由公司内部审计人员进行了抽查；公司愿意提供无漏记负债业务的说明书。

通过对上述案例的分析，可以看出：

第一，委托人对迟收账单以转账方式入账，简化了注册会计师对未入账债务的抽查，也减少了进一步调整的可能性，但这并不影响注册会计师抽查2001年度付款记账凭证。这种抽查与委托人自信十分完整、正确的报表需审核的理由是相同的。

第二，客户提供的无漏记债务说明书不能作为正当审计程序，仅提供给注册会计师额外的保证，作为内部证据，其证明力较弱，故无法减轻注册会计师应抽查的责任。

第三，如果注册会计师已查明内部审计人员具有专业胜任能力和合理的独立性，并且已抽查了未入账的债务，在和内部审计人员讨论其程序的性质、时间、范围并审阅其工作底稿后，注册会计师可减少本身拟进行的未入账债务抽查工作，绝不能取消抽查工作。

第四，注册会计师审查未入账债务，还可以通过如下途径：①未归档的购货发票；②客户以前年度未曾核定的所得税结算申报表；③与客户商讨；④客户管理单位的声明书；⑤与上年账户余额相比较；⑥期后对期内相关付款的审核；⑦现有契约、合同、议事录、律师的账单和信件往来；⑧主要供货商的信件往来；⑨抽查截止日期的有关账户，如存货、固定资产等。

固定资产审计

固定资产审计，是指审计机构依法对被审计单位固定资产增减、使用的真实、合法和效益进行的审计监督。

固定资产审计的范围是指一般设备单位价值在500元以上、专用设备单位价值在800元以上，使用年限在一年以上，并在使用过程中基本保持原有物质形态的资产。单位价值虽未达到规定标准，但耐用时间在一年以上的大批同类物资，作为固定资产管理的，也属固定资产审计范围。

固定资产审计一般要注意以下几个要点。

1. 固定资产内部控制制度的审查

（1）查阅企业固定资产内部控制制度的相关资料，了解其健全性和完整性。

（2）审查取得和减少固定资产时是否进行了检测鉴定，报废设备是否有内容完整的检验、鉴定、报批等批准文件。

（3）检查固定资产的管理及使用部门固定资产账、卡的设置情况和定期盘点情况，账、卡、物是否一致，是否定期与财务部门的记录进行核对。

2. 固定资产实物数量的审计

（1）审查固定资产账目的真实性。

（2）采用实地盘存法实地盘查固定资产实物数量，核实各项固定资产是否真实存在，账实是否相符。重点应检查生活中可使用的固定资产，可拆卸移动的固定资产，盘盈、盘亏、报废的固定资产。

3. 固定资产增加的审计

（1）审查新增固定资产价值是否真实正确，其固定资产增加的会计处理是否正确合法，所有权是否为企业所有。

（2）审查工程完工的固定资产是否按规定结转，融资租赁的固定资产是否计入固定账户，确认固定资产的完整性。

4. 固定资产减少的审计

（1）审查固定资产出售、报废、毁损、盘亏等是否经过批准，各种手续是否齐备，会计处理是否正确。

（2）通过与银行存款、营业外收入等有关账户相核对，验证出售、报废固定资产净损益的真实性和准确性。

5. 固定资产折旧审计

（1）审查企业的固定资产折旧的方法是否符合国家财经法规和会计制度的规定，是否遵循了一致性原则。

其使用年限和预计残值是否符合国家有关规定。现行企业财务制度规定，采用平均年限法的固定资产净残值率为固定资产原值的3%~5%，低于3%或高于5%的，由企业自主确定，并报财政机关备案。

（2）审查固定资产折旧率和折旧额是否计算正确。固定资产折旧率和折旧额的计算方法主要有平均年限法、工作量法、双倍余额递减法和年数总和法。

应注意企业折旧率的计算有无变更，如有，是否在变更年度以前提出申请，报主管财政机关批准，并在会计报表附注中予以说明，如企业未按规定随意变更，应追查原因。

例如：注册会计师A审计甲公司2001年度会计报表时，根据有关规定及审计程序的需要，要求被审计单位提供股东大会或董事会通过的固定资产目录、分类方法、每类或每项固定资产的预计使用年限、折旧方法等会计政策，但由于公司2001年未按《企业会计制度》的要求制定固定资产及其折旧政策，仍按原行业会计制度规定的方法及折旧年限执行，A建议甲公司及时补充制定固定资产政策。

根据《企业会计制度》第二十六条的规定：企业应当根据固定资产的定义，结合本企业的具体情况，制定适合本企业的固定资产目录、分类方法、每类或每项固定资产的折旧年限、折旧方法，作为进行固定资产核算的依据。

企业制定的固定资产目录、分类方法、每类或每项固定资产的预计使用年限、预计净残值、折旧方法等，应当编制成册，并按照管理权限，经股东大会或董事会，或经理（厂长）会议或类似机构批准。一经确定不得随意变更，如需变更，仍然应当按照上述程序，经批准后报送有关方面备案，并在会计报表附注中予以说明。

因此，注册会计师A对此事项应向被审计单位提出建议，如审计报告报出前，审计单位未能办妥此项工作，注册会计师应考虑在审计报告中适当发表意见。

章节小记

企业财务在其日常管理过程中，一般都需要预先制定相关的内部控制制度，以保证财务活动的有效运行，保证财务信息的可靠性，防止和发现有关人员的舞弊贪污等违纪违法行为，从而保证企业各项资金的安全与完整。而审计人员在其审计过程中，为了提高审计效率，保证审计效果，同样要涉及企业的内部控制制度，要对其健全性和有效性进行检查和监督。

作为经济管理的工具，财务与审计都是企业经济监督体系中不可或缺的重要组成部分。财务管理是审计工作的前提，是审计工作的基础，搞好财务管理有助于审计工作的开展，同时审计工作搞好了，又会促进财务工作。